U0049246

【大家研究與鑑定】

陳萬里／著　穆青／選編

陳萬里陶瓷研究與鑑定

藝術家出版社
Artist Publishing Co.

《大家研究與鑒定》叢書序

李 季

　　對於世界上大多數博物館來說，私人捐贈都是極為重要的藏品來源。我們會在博物館看到展品說明牌上標註著捐贈者的姓名，或者以捐贈者命名的展廳，乃至以捐贈者命名的整座博物館，人們以此來表達對捐贈者的崇高敬意和作為永久的紀念。這已經成為博物館文化的一種傳統，一道風景。

　　在紫禁城的東六宮中，一座稱作景仁宮的宮殿（康熙就出生在這裡），被故宮博物院闢為捐贈文物展覽專館。宮內的景仁榜上，鐫刻著1939年以來，近六百位捐贈者的名字。他們捐贈給故宮博物院的三萬三千餘件文物，大都出類拔萃，其中不乏稀世之寶，成為故宮藏品中值得驕傲的重要組成部分。

　　這些捐贈者，身分背景各有不同，但是對中華珍貴文化遺產的痴迷熱愛是一致的，坊間流傳過多少沙裡淘金、傾家蕩產、天涯追索的尋寶故事，乃至最後傾囊捐獻的傳奇，其文化價值已附麗於這些珍寶傳諸後世。他們中的許多人也在收藏的砥礪磨練中得到不斷地提高與昇華，鑑識與賞析能力日益精進，終於蔚成大家。他們中間也有許多人，本身就是故宮博物院的工作人員，是故宮博物院培養造就的一代文物大師。他們對故宮，都作出了卓越的貢獻，他們與故宮，都有著難解的情緣。

　　為了使更多的人分享這些收藏大家的樂趣情懷，領略其收藏心得，也為了使這些文物大師的研究成果、鑑賞經驗流傳後世，裨益業者，故宮博物院特別推出了這套《大家研究與鑑定》叢書。叢書無論是遺作鉤沉，還是經典重光，都經精心審校編排，圖文並茂。願讀者能據此與諸位大家神交意會，切磋琢磨，傳承其經驗學識，弘揚其奉獻精神。

　　江山代有才人出，景仁榜尚虛席以待。

目　錄

中国青瓷史略

一　什麼是青瓷？

瓷器是中國偉大的發明之一。它發展中的一個重要階段，就是燒成器物的胎質，從不具透明性而達到了半透明性。這是經過了無數人民的智慧和長時期的辛勤操作才獲得的。但是，只是燒成一個素面的作品，在器物的表面上只呈現白色的光澤，是不能滿足人們的要求的，還必須呈現其他顏色的光澤，於是又發明了色釉，首先發明的就是青釉。

釉是一種矽酸鹽，施釉在素地（即成型之胎）上，經過火燒，就成了有釉的光亮面，便於洗拭，不致被塵土或腥穢所染汙。在釉藥裡，要是加上了某種氧化金屬，經過火燒以後，就會顯現出某種固有的色澤，這就是色釉。例如加了氧化鐵的色釉，在氧化火裡燒成

黃色，經過還原火就成為青色，這就是青釉。

　　燒製青釉器，釉藥裡必須含有一定分量的氧化鐵，必須經過還原火。究竟鐵的含量需要多少才最恰當？怎樣可以掌握還原火？這兩種最重要的技術，決不是僥倖獲得的，所以青釉器的燒成，是中國瓷器史上一個很大的成就。

　　由於青釉器的燒成，接著又用氧化銅加入釉藥，製成了紅色釉；同時，又發明了彩繪，並從釉下彩發展到釉上彩，以至應用其他氧化金屬，製成多種多樣的色釉，配合燒製。就這樣，中國的瓷器在世界上放出了燦爛的光芒，對於世界文化有了巨大的貢獻。

　　由此可見，青釉器的燒成，對於中國瓷器的發展有極重要的歷史意義。至於它在最早時期醞釀、孕育，以至生長、成熟，究竟經過如何？它在這廣大土地上生根結果、滋生蔓延，以及相互間的影響怎樣？以往的《陶說》、《景德鎮陶錄》不足以說明此類問題，因此搜集最近二三十年來出土的文物、發現的窯址、研究的初步成果，並參考多種文獻，扼要地作一個綜合性的敘述。至於此後出土文物以及古代窯址的繼續發現，定能豐富中國青瓷的研究材料，使得中國的青瓷發展史更能充實正確，那是無可置疑的。

二　青瓷燒造的開始及其發展

（一）青釉器物在浙江開始燒造

　　燒製青釉器物的開始年代，到今天雖不能有一個確切的答案，但是就現有發現的可信材料來說，遠在戰國時期已經有了燒成火度相當高而全面被以淡淡黃綠色的、薄薄的、帶有透明性釉藥的半瓷質器物。此種器物的造型，有錞于（古樂器）以及編鐘等，都是仿照銅器式樣燒製的墓葬物。出土的地點在浙江紹興鄉間舊埠。約莫在抗戰前十年間，出土的物品著實不少[1]。

　　早在1923年的時候，北京歷史博物館發掘河南信陽的漢塚，有永元十一年（西元99年）的墓磚，出土品中有器地帶淡灰色、表面現透明性淡綠色的半瓷質器物，計大小四耳壺、洗、碗、杯等共6件[2]。1935年，在杭州寶俶塔後山，工人取土填路時，發現有「永康二年曹氏造作」的墓磚，同時出土了一件有飛鳥的樓閣器物，通體有釉，作淺淺的淡綠色，還微微帶一點黃，釉薄而透明，黏著甚固而不剝落，胎堅致。叩之作聲甚清越。這是東漢時代的原始青瓷（著者舊藏器，現藏故宮博物院，陳列於歷代藝術綜合陳列室）。後於永康時期不久，又有「中平六年五月十二日尚方作陶容一升八兩」的一件仿銅器的匜，也是全面有釉藥的[3]。

　　1935年以後，在浙江紹興又發現了不少墓葬，墓磚上有黃龍、赤烏、永安、甘露、寶

圖一／吳「永安三年」銘青釉穀倉

鼎、鳳凰、天冊、天紀等三國孫吳時代的年號。同時出土的青釉器物也很多，其中最主要
的一件是通體青釉的穀倉（隨葬物之一種），高達47公分，器身貼著許多人物、飛鳥、樓
閣等雕刻品，每間倉屋的門口及瓶口都有犬守衛，還有刻劃的魚龍，至於器肩部的人像，
各執不同的樂器，倉的一側豎立了一塊碑（圖一）。

　　永安三年是260年，永安為吳主休的年號。從這一塊小小碑記上的記載可以肯定這件
器物的確實時代。這件器物全身青釉的釉色已顯現較深的綠色，施釉亦厚，離開了早期釉
薄而作淡綠帶黃的階段，證明在燒造的技巧上鐵的還原已向前邁進了一大步，在中國陶瓷

圖二／吳「赤烏十四年」銘青釉虎子

發展史上已走到一個極重要的歷史時期[4]。

　　1954年又於南京光華門外趙士岡墓葬內發現三國時代孫吳越窯的虎子（圖二）。通體淡青色釉。器物橢圓形，兩端略平，腰部微斂，提樑是立體虎形，腹部有四足。器腹的一側，在釉下刻劃紀年銘文「赤烏十四年會稽上虞□□宜作」（赤烏是孫權的年號，赤烏十四年即251年），另一側刻劃有「制宜」二字。這是一件比永安三年青釉穀倉還要早九年的越器。

　　自從司馬氏統一了南北以後，由於三國孫吳時代的青釉器物已經有了重要的成就，所以在兩晉及南朝的時期裡（280～589年），青釉器物有大量的生產（圖三、四）。這從有確屬年代可證的墓葬裡（這種墓葬的墓磚上，有兩晉和南朝的年號，有兩晉年號的如永康、元康、太康、永嘉、建興、大興、永昌、咸和、咸康、建元、永和、升平、太和、寧康、太元等，有南朝年號的如元嘉、天監、大同等）所發現的大批明器（圖五），可以得到證實，並可以充分明瞭這時期青釉器物向前發展的跡象。由於南朝時期青釉器物的大量生產，這就為後來隋唐兩個時期青釉器物向前突飛猛進打下了基礎。

　　此種青釉器物的種類極多，有穀倉或糧食壇（圖六），上部似有蓋（粘住不能取

圖三／西晉青釉四繫鳥鈕蓋缸

圖四／西晉青釉簋

圖五／東晉青釉點褐彩牛形燈（東晉升平三年）

圖六／西晉青釉穀倉（西晉太康八年）

圖七／西晉青釉雙繫盤口壺（西晉永興二年）

下），凸雕的人物、鳥獸、亭台等形式不一，有較簡單的，有極複雜的，器的腹部亦多貼附人物、鳥獸之形，凸雕件肩部附有碑記的最少。有細頸盤口大腹壺（圖七），這種壺有雙耳、四耳或六耳之別，還有裝飾著獸環的像銅器樣的罍，亦有兩耳或四耳之別，最大的腹部直徑可達尺餘。洗的種類極繁，大小不一，口部邊緣下往往有粗細線交織著的細花紋，也有三面浮雕獸環的（圖八）。燈的樣式有作人形或熊形的直柱，有的圓盤之下有三熊足。還有普通所稱的天雞壺，壺嘴作雞形；壺柄頗高，有作龍頭的（圖九）；盤口，肩部有方形或半環形的雙耳，口部及雞冠等處往往有褐色斑點（圖一〇）天雞壺有兩個頭

圖八／西晉青釉洗（西晉太康八年）

圖九／南朝青釉龍柄雞首壺（南朝宋元嘉二十三年）

圖一○／東晉青釉點褐彩雞首壺（東晉永和七年）

圖一一／東晉青釉羊首壺

的，也有不作雞形而為羊頭的（圖一一），但卻很少見。此外有九格盤、羽觴（俗稱人面
洗）、硯盤、水丞（蛙形的，俗稱蝦蟆水盂；另有蝦蟆壺，比較少見）、鬼灶（圖一二，
因係殉葬物，故名）、豬欄、雞圈（圖一三）、獸盤（盤中臥獸，如虎、豹之類）、多孔
罐（有兩耳，不悉其用途）等，造型方面可以說是非常複雜。此外還有一種製成獸類（辟

圖一二／西晉青釉灶（西晉永嘉七年）

圖一三／西晉青釉雞籠（西晉永嘉七年）

邪）的（圖一四），形狀如南朝宋、齊、梁、陳陵墓上的石獸[5]，1954年冬在廣州市西北郊桂花岡清理墓葬時發現此種辟邪是在一塊端石硯的一側，另一側是一段已經腐壞了的墨，因而懷疑它也是作水注用的[6]。辟邪以外還有陶羊，形態不一，但是羊身上有小管可作水注用的卻非常少（此器發現於西晉太康墓中，有太康五年七月及梁囙何當作磚等墓磚）。最特別的是一個胡人戴著折邊高帽，騎在麒麟獸上，人身及獸身上均有珍珠一樣的

圖一四／西晉青釉獅形燭台（西晉永康九年）

圖一五／西晉青釉騎獸器

小圓圈的刻劃花紋，這是一件僅見的騎獸人明器（圖一五，現藏北京故宮博物院）。因此
這一時期的青釉器，不只是青釉的燒造有了相當高度的發展，而在明器的造型上，有如此
多種多樣的製作，也是極重要的歷史材料。

圖一六／東晉青釉點彩雙繫盤口壺（東晉甯康三年）

除一般明器以外，有滿身施以褐色斑點的盤口壺（圖一六），此種製作，為以後宋代
龍泉窯所模仿，成為青釉器上一種極重要的裝飾。還有施釉的佛造像，其造型頗似後來北
朝時代雲崗及龍門的石雕，最為少見。

此種青釉器的燒造地點已經肯定下來的，有紹興的九岩窯[7]、王家瀆窯[8]、禹王廟前
窯[9]、古窯庵窯[10]、蕭山的上董窯[11]、湖州的搖鈴山窯[12]、永嘉的西山窯等。而當時大量燒
造的地點是紹興、蕭山，其次是永嘉。關於傳說中的富陽窯，遺址尚未發現，而1935年、
1936年間在富陽附近出土的物品，一時頗多。它的式樣有有蓋圓盒及爐洗之類，器的內部
及底部獨多旋紋，平底，釉色的青極薄，以微微一點青而帶黃色的為多。它的時期可能是
在西漢，這是很少人注意到的在浙江所燒造的極早期的青釉器之一。

（二）唐代越器的盛行以及其他地區的青釉器

李唐一代的工藝美術有它偉大的成就，即以陶瓷說，它是繼承魏晉南北朝的製作技巧
向前發展的。當時有所謂邢、越二窯，它的產品曾風靡全國。邢窯的白釉器，此處不予討
論，現在談越窯的青釉器（圖一七、一八）。

圖一七／唐越窯玉璧底碗

圖一八／唐越窯葵口盤

首先，我把唐代文人對於越器的歌詠文字簡略地列表如次（表一）：

表一　唐代越瓷文獻表

人　名	提到越器的詞句	大概時期
顧　況	「越泥似玉之甌」（《茶賦》）	肅宗至德進士，約在757年前後
陸　羽	《茶經》中提到越器	肅宗上元間，約在761年前後
孟　郊	「越甌荷葉空」	德宗貞元進士，約在785年前後
施肩吾	「越碗初盛蜀茗新」	憲宗元和進士，約在806年前後

許　渾	「越甌秋水澄」	文宗太和進士，約在827年前後
皮日休	「邢客與越人，皆能造瓷器」	懿宗咸通間，約在861年前後
鄭　穀	「茶新換越甌」	僖宗光啟進士，約在886年前後
徐　寅	有《貢余秘色茶盞》詩	昭宗乾寧進士至五代初，約在894年前後
韓　偓	「越甌犀液發茶香」	昭宗龍紀進士至五代初，約在894年前後
陸龜蒙	「九秋風露越窯開，奪得千峰翠色來。」	昭宗光化間，約在899年前後

　　唐代文人歌詠越器的文字很多，這是與當時盛行的喝茶風氣分不開的。最明顯的要推竟陵人陸羽所著《茶經》裡的一些話。他對於邢、越二窯的評價很詳細，他說：

　　碗，越州上，鼎州次，婺州次，壽州次，岳州洪州次。或者以邢州處越州上，殊為不然。邢磁類銀，越磁類玉，邢不如越一也。邢磁類雪，越磁類冰，邢不如越二也。邢磁白而茶色丹，越磁青而茶色綠，邢不如越三也。……越州磁、岳州磁皆青，青則益茶，茶作白紅之色。邢州磁白，茶色紅；壽州磁黃，茶色紫；洪州磁褐，茶色黑，悉不宜茶。

　　從這裡的記載看來，越器之被重視是在中唐以後，但是根據王仁裕著《開元天寶遺事》裡說：「內庫有青瓷酒杯，紋如亂絲，其薄如紙，以酒注之，溫溫然有氣相次如沸湯，名自暖杯。」那末唐玄宗的開元天寶時候（713～755年）宮中已用青瓷，不過沒有明白說出是越器。及至晚唐，徐寅在「貢余秘色茶盞」詩中很明白地說是秘色器了（官窯所燒造進貢的越器）。

　　越器除了用以注酒喝茶以外，還有用以調音的，如段安節《樂府雜錄》上所說的唐大中初有調音律官郭道源「善擊甌，率以邢甌、越甌共十二隻，旋加減水於其中，以箸擊之，其音妙於方響」。可見當時越器的胎極堅而較薄，因此叩之發音才能清悅。但是自中唐以迄晚唐最盛行的越器，究竟是怎樣一個面目，不只是沒有傳世收藏的實物可證，就是求之自宋至清代的著作中，亦找不到越器實物的記載，因而有「李唐越器人間無」之歎。最近二三十年來，由於幾次重要器物的出土，才證明了唐代越器的製作。

　　第一個發現是有唐長慶三年（823年）年號的一塊墓誌銘，1934年出土於浙江慈溪縣鶴

鳴場附近的山中（距離余姚上林湖約10里）。原件玉面作淡橄欖色青釉，略帶灰色而有氣泡。銘文在釉下，刻陰文，首行是「唐故彭城錢府君姚夫人墓誌並序」，文中敘述姚夫人死於長慶二年，三年八月葬於上林東皋山之岡。這塊墓誌雖有施青釉，但較粗劣。

第二個發現是1936年在紹興古城發現了一個唐戶部侍郎北海王府君夫人的墓，墓中有一塊墓誌磚，磚上有唐元和五年（810年）年號。墓中出土的青釉器有短嘴長柄壺兩件；盤二，一素，一有花紋；圓盒小水丞，撇口花插（疑是唾壺之一種）各一（著者舊藏器，現均藏於故宮博物院）。著者在《唐代越器專集引言》[13]裡曾說：

　　壺的式樣，在古樸拙素裡面，顯出一種玲瓏優秀的作風，就是小小的一個嘴，也要製成多角的形式，有此裝點，壺的全部就顯得不平凡了。彎柄固然也是唐代瓷器顯著的風格，然而不覺得粗笨，反而細勁得有力量（圖一九）。盤的花紋已由簡單的圖案而漸趨於繁複，這真是過渡到絢爛時代——五代的一個重要的前期。盤口上起一點凹點，以及盤背面有幾條陷痕，這分明代表唐代的一種風尚。水池雖則是小品，而四角起四條凸起的腳，式樣新穎。花插由銅器嬗變下來，撇口的製作，極優美而不涉於纖巧。再說到釉，晶瑩潤澈四字，可以概括之。薄的地方，已經堅結黏著，不易剝蝕。我們看到永康、太康壙裡的實物，同時看看五代時候精美的作品，就曉得在這時期形成了一架橋樑的過渡產物，那就是現在元和壙裡所見到的物品。惟其有了元和五

圖一九／唐越窯執壺

圖二〇／唐越窰褐彩連座熏爐（唐天複元年）

年的這一塊磚，才證實這形成一架橋樑的過渡產物的廬山真面目。

　　第三個發現是1937年在上海市場上發現一個殘壺，上有「會昌七年改為大中元年三月十四日清明故記之耳」三行文字，是在釉裡的，並有劃花。同時在杭州發現一個小碗，碗心劃花跟瓷片完全是一個作風，可以確定為同一時期的裝作。所劃花紋雖極簡單，可是開闢了後五代越器繁複花紋的途徑。

　　由於以上這些材料的發現，才肯定了李唐一代越器的釉色、花紋及其造型等，因而可以判斷尚在人間而以往未能鑒別的好些器物。此種可以代表唐代釉色、花紋及其造型的越器本身，就陶瓷發展史講，確已到了成熟時期（圖二〇）；也就是說，從這樣一個基礎上，才能達到宋代青釉器的完成階段。所以這一形成橋樑的過渡產物，是極其重要的（圖二一）。

圖二一／唐越窯墓誌罐（唐會昌二年）

　　唐代越器，除了為民間一般需要燒造外，曾經置官監窯，燒造一種為統治者所應用
（所謂進御）的物品，這是最早的御窯廠。而此種御窯廠所出產的物品，就不單稱越窯，
另外給它一個名稱叫做秘色，或是秘色越器。當時越器不只生產的量多，而且成品精美，
勝過當時各處所燒製的作品。

　　因為它的生產量多，此種青瓷器除了供給國內需要以外，還隨著中外交通的發展，向
東傳播到日本，往南經海路遠達埃及，現在海外發現此種器物的碎片有以下幾處。

　　埃及京城開羅南郊福斯塔特城（Fostat）遺址。福斯塔特城在西元9世紀的時候非常繁
盛，到13世紀初葉，成為廢墟。三十年前有好些人在這廢墟上發掘，得到很多碎瓷片，
其中就有越器的碎片。此種越器在西元9世紀，即在晚唐時候到埃及，正是該城繁盛的時
期。當時我國海外交通極為頻繁，廣東是對外輸出的重要港口，用我國出產的瓷器等物，
從廣東出口，換來海外的香藥珍寶。交通路線是從廣東出發，到了波斯灣，再由那裡轉往

埃及。越器自然也經過這樣一條交通線而到了埃及。

波斯沙麻拉（Samarra）遺址。1910年及1913年間，曾在這裡發掘兩次，發現了越器的碎片。該地於838年（唐文宗開成三年）建成都市，僅僅數十年，就於883年（唐僖宗中和三年）成為廢墟。越器曾在當時到過波斯各地方，自然也到過沙麻拉。沙麻拉遺址中所發現的碎片，據多數研究者報告，是與余姚上林湖所發現的完全相同。

印度勃拉·米納巴特（Broh minabad）遺址。傳說西元7世紀時（隋及初唐）勃拉·米納巴特是一大都市，1020年時（宋真宗天禧四年）由於地震而成廢墟。19世紀中有人發掘過，得到陶瓷片很多。後經英國哈布森氏鑒定，屬於我國的陶瓷片有四片，其中就有一片是越器的青釉，並且是唐代的式樣。另外兩片是邢窯的白釉，一片是宋代的醬黃釉。如能把許多碎片加以詳細分析，青釉恐怕不止這一點[14]。

此外在日本法隆寺及其他地方先後發現的青釉器，而被鑒定為唐代越器的有相當數量，此處不再贅述。

唐代所燒的青釉器，除了越器以外，還有哪些呢？根據陸羽《茶經》所列舉的有鼎州、婺州、岳州、壽州、洪州各地。最近岳州窯遺址被發現了[15]，該遺址是在鄰近岳陽的湘陰縣15區所屬的鐵罐嘴窯頭山一帶。它的碎片，跟長沙市郊黃泥坑清理的有唐文宗太和六年王清墓誌銘的墓葬中半瓷質器物完全相同，而與近二十年來經常在長沙唐墓中所發現的帶黃帶青（俗稱蟹殼青）的器物一致。它的造型極多，就是壺罐盤碗之類亦屬大小不一，但是它的釉色及製作都遠不及越器，所以陸羽把它排在第四位。

鼎州的窯址究竟在哪裡，還沒有人發現。同時鼎州出產的器物是怎樣的，今天也還沒有人能肯定，所以只好存疑待考。當時的婺州所屬就是後來金華附近各縣，在抗戰前後曾於永康縣鄉間及金華拆城牆時，發現滿身印有錢紋的大壇，殆為早期婺州窯所出產。後在浙贛鐵路離古方車站（金華之西）約8里地方，找到了窯址，有青釉的碎片，胎厚而製作頗粗，是唐代作品[16]，是否就是《茶經》上提到的婺州窯所出產，還不能完全肯定。壽州窯也未發現窯址，至於洪州窯，有人說唐代的窯址是在南昌南郊外，但也不能證實。

除了《茶經》所提及的各處以外，經過最近幾年來調查，證明唐代燒造青釉器的地點是：

江西景德鎮。離鎮約20里，在湘湖與湖田間地名石虎灣的公路上，發現唐代燒造的青釉器碎片較多。胎土灰色，胎骨一般較厚，薄的較少，盤底有釉，色澤極似長沙出土的東西。青釉帶黃，青的程度已接近越窯的艾色（即橄欖色）。施釉薄，有極細紋片。淺碗外面有凹痕，一切製作顯然是唐代的風格[17]。後於湖田鎮南入山約兩三里處，地名勝梅亭（俗稱楊梅嶺）的山坡，1954年秋又發現當年燒造時成疊破碎的窯底貨，都是青釉器，色

釉跟石虎灣的相仿佛[18]。由於前後在兩處地方發現唐代的青釉器碎片，證實了當年的景德鎮也是燒造青釉器的。

　　江西永和鎮。永和鎮屬江西吉安縣，就是向來被人稱為宋代重要窯場之一的吉州窯所在地。以往文獻如唐氏《文房肆考》、《景德鎮陶錄》等書說吉州窯所燒的體厚質重，作米色或粉青色，有碎紋，因此稱為碎器窯，亦稱假哥窯。

　　往年有人曾經發現過刻劃飛鳳的碎片一塊，釉色較越窯為淡，毫無疑問，這是唐代的作品，因此斷定吉州窯開始燒造的時期是在唐代。著者最近去調查時，在離永和鎮北不遠贛江河灘上發現素地青釉碎片不少，青色頗深，毛邊，跟仿定（仿造定器）的燒法相同。

　　此外在廣東方面所燒造的青釉器，最近一、二年來也發現有好幾處，將在別一節內敘述。

（三）五代錢氏的越窯

1．錢氏越窯

　　五代的吳越，從錢鏐至錢俶短短的八十多年中（893～987年）經歷了五代紛亂的局面。錢氏割據一方，表面上還是很恭順的奉著逐鹿中原者們的正朔，因而常有貢物送去。從許多文獻的記載看來，在錢氏幾代的貢物中，有許多是在錢氏統治下的越州窯燒造出來的越器（圖二二、二三）。錢氏利用了唐代燒造技術已經成熟的御窯廠，燒造進貢物品，進貢物品中很多鑲著金銀邊，而進貢的數量一次可以達到十四萬件，真是驚人的數字！

圖二二／五代越窯委角方盤（五代天福四年）

圖二三／五代越窯盤（五代天福四年）

對於錢氏的貢瓷情形，現舉例如下：

寶大元年……王遣使錢詢貢唐方物……秘色瓷器……[19]

清泰二年……王貢唐……金棱秘色瓷器二百事[20]

天福七年……十一月，王遣使貢晉……秘色瓷器……[21]

開寶二年秋八月，……王貢秘色瓷器於宋[22]。

開寶六年二月十二日……錢惟浚進……金棱秘色瓷器百五十事[23]。

開寶九年六月四日，明州節度使惟治進……瓷器萬一千事[24]。

太平興國三年三月，來朝，俶貢進……越器五萬事……金扣越器百五十事[25]。

太平興國三年四月二日，俶進……瓷器五萬事……金扣瓷器百五十事[26]。

太平興國七年秋八月二十三日……王遣世子惟浚貢上……金銀陶器五百事[27]。

太平興國……八年……秋八月，王遣世子惟浚貢宋帝……金銀陶器五百事[28]。

（年代不明）忠懿王入貢……金銀飾陶器一十四萬事[29]。

（年代不明）惟治私獻扣金瓷器萬事[30]。

由於需要如此的大量貢物，就需要大量的生產。從我們最近發現余姚上林湖許許多多的碎片看來，可以想見當年上林湖周圍瓷窯之多，這些瓷窯完全是為供應錢氏的巨額需要而設的。

同時，此種越器，錢氏是禁止人民使用的。在錢俶的時候，他每次遣使進貢之前，必須先把貢物一一羅列於庭，焚香再拜，表示他的恭謹。他是這樣來博得主人的歡心，希望延長他的小朝廷的生命，因而禁止人民使用此種越器。這也就是表示此種器物非常尊貴，只有他的主子才能使用。

當時的越器，由於我們祖先在唐代燒製陶瓷的技術基礎上發揮了無窮盡的智慧，因而它的色釉、紋樣種種方面都有巨人的進展（圖二四）。

圖二四／五代越窯瓜形蓋罐（五代天福四年）

就色釉說，從以往青中微微閃黃的一種不成熟的還原色調，進步到了一泓清漪的春水般的湖綠色，色澤很薄而非常勻淨，比之晉唐時期的青釉有較大的進步，為後來宋代的青瓷打下了基礎。

就紋樣說，唐代的紋樣草率而簡單，而五代時期越器的紋樣卻有多種多樣，著者曾在《越器圖錄》序言中說過：

> 圖案花紋之複雜，就中國瓷器發展史上說，我可以斷定是一種空前的製作。你看，有了相對的蝴蝶、鸚鵡、鳳凰，就有花間舒翼的小鳥、雲中飛翔的白鶴。有了從寫實的經驗所得到的可以畫著委婉的泥鰍或是一幅魚樂圖來點綴一個小碗，就有憑藉想像畫一條在海水中翻騰著的神龍，佈滿一件盤洗。有的是在四周圍以荷葉，荷花四朵，含苞欲放，中有一翠鳥，作飛鳴勢，確是一幅絕妙的裝飾圖案畫。有的是秋葵海棠，刻劃各盡其致。有的是蝶戀花的小品，雖則是寥寥的一點玩意兒，卻會使你沉醉於一種詩情畫意的境界，感到十二分的滿足。有的在盤底裡面畫著洶湧的江濤，象徵錢塘江的天塹，是何等的雄偉闊大！有的是在一個小小的盒蓋上畫滿了牡丹花，一方面充分顯露出一個富麗堂皇的圖案以怎樣圓熟的技巧來完成這個使命；而另一方面也就反映出吾們祖先具有這樣偉大的胸襟，深厚的魄力，造就成功一種雍容華貴的作品。此外在破碎的瓶碗上，可以見到寫意的人物畫。本來吾人對於古代的繪畫，即使著名的如顧愷之、吳道子等人的畫，也只僅能憑一點文字的記載來想像，來揣測，來懸擬，而從敦煌千佛洞以及新疆所出土之壁畫及絹畫發現以後，才得以認識古代繪畫的真面目。現在越器上雖則是幾片殘缺的畫面，但已經足夠證實有唐末葉、五代以迄北宋初期這一個時代裡的作風……

越器上的紋樣實在是異常豐富多彩的，要是能在上林湖方面出土越器及碎片中儘量搜集的話，真可以編輯一本材料豐富的圖案書集。

最後還可以說說越器的造型以及它的裝飾，例如鴿形的有蓋盒，就是一件最為特殊的作品。還有在蓋上浮雕的獅與鳳，鏤空的花與草，以及畫著人物的一個局部，是瓷器上最早時期的雕瓷、鏤空和開光。

以上這些都是五代越器的卓越成就。

在多次貢物中還有所謂秘色器的。秘色瓷產生於唐代，上面已經談到過，錢氏利用唐代已經燒造過此種秘色瓷的窯廠，來燒造用以貢唐、貢晉、貢宋的瓷器，所以因襲秘色這一舊名稱。錢氏燒造秘色瓷時，由於在製作技巧方面已經積累了相當豐富的經驗。因此

這種祕色瓷比之一般的越器要來得格外清亮。也可以說，祕色名稱雖不始於錢氏，而錢氏燒造的，其精美卻有過之[31]。

除了此種用以朝貢不准人民應用的越器以外，就現在上林湖所見的碎片說，有好些地區的作品比較粗糙，色釉有暗的，有淡的，有紋樣的器皿也相當簡單。可是從這些遺物本身來看，卻顯得樸素而大方，這是當時一般人民所應用的東西[32]。

２·柴窯

在五代時期，還有一種關於柴窯的說法，這在明代的記載裡是常見的，據說當時有人問周世宗關於瓷器色釉的要求，周世宗說他所需要的是「雨過天青雲破處，這般顏色作將來」。這是一種很美麗的色釉，「雨過天青」四個字，可以代表一種青釉的特點。

柴窯作品，除了美麗的色釉以外，還有它特殊的地方，那就是明代記載裡所謂「青如天，明如鏡，薄如紙，聲如磬」了。「青如天」是說它的色釉，「明如鏡」是說色釉的光亮，「薄如紙」是說胎骨薄到像紙一般的程度（仿佛後來瓷器上所說的脫胎或半脫胎），「聲如磬」是說胎骨堅實細密，叩之能發聲如磬。柴窯的作品，要是真能具備這些特點，該是一種很理想的作品了。可惜到今天還沒有發現它的實物。

它的燒造地點，一般書上都說在河南鄭州，可是到今天還沒有發現燒窯的遺址。碎片呢，在明代的記載裡，又說成「柴窯片瓦值千金」那樣的名貴。因此柴窯的作品究竟是怎樣的，成了一個尚未能解決的謎！

關於柴窯名稱的由來，因為周世宗姓柴，又因為這窯是燒製「雨過天青」器的御窯，所以稱為柴窯。這個說法，有人表示懷疑，並不是說統治階級的姓可貴，不允許以此姓名窯，而是說在實際上這是一種史無前例的杜撰。因為周世宗在位的時間僅有五年（954～959年），這五年正是群雄割據、逐鹿中原的混亂時期，在鄭州創建御窯是大成問題的。

另外一種關於柴窯的看法，是《余姚縣誌》轉引《談薈》裡的話，說是「吳越時的越窯愈精，謂之祕色，亦即所謂柴窯，或云柴世宗時始進御」云云，這是一種值得注意的說法。本來吳越錢氏之於柴周，也有過朝貢的關係。《十國春秋》裡曾記載錢俶於顯德五年四月七日及八月十一日兩次貢周，例以錢氏貢唐、貢晉都有祕色瓷器在內，自然在這兩次貢周的物品裡面，也定有祕色瓷器。在那時候，周世宗很可能命錢氏燒造雨過天青的顏色。同時我們知道在唐代的造瓷，很顯然有青瓷與白瓷兩種，邢瓷之白，雖為天下無貴賤通行之物[33]，而越瓷自唐而五代，可以說是更盛極一時的，越窯曾燒造過進貢李唐的祕色瓷器，也燒造過錢氏沿襲唐制而進貢於唐於晉的祕色瓷器。那麼所謂柴窯的「雨過天青」，是在錢氏稱霸東南時，在越州所燒造的一種看法，顯然是很有可能的。

總之，所謂「青如天、明如鏡、薄如紙、聲如磬」的柴窯作品，其實物真相如何，燒造地點究在何處，尚需作進一步的研究。至於圖籍上有時所稱道的幾件柴窯的作品，都是不足為據的[34]。

3・錢氏最後一批貢宋瓷

五代錢氏最後一批貢宋的作品，是在宋太宗太平興國三年（978年），也就是錢氏降宋的那一年。現在上林湖越窯遺址可以找到有「太平戊寅」四字劃款的越窯的碎片（圖二五），就是這一年燒造的物品。上林湖的窯，原來是錢氏所燒以貢北方統治者應用的，自從錢俶降宋以後，上林湖還曾繼續燒造過統治者所用的物品。在宋周密《志雅堂雜抄》裡有這樣的記載：「太平興國七年歲次壬午六月望日，殿前承旨監越州瓷器趙仁濟。」而《宋會要・食貨》第六「諸郡進貢」條下也有「熙寧元年十二月尚書戶部上諸道貢物……越州……秘色瓷器五十事」等記載（查1936年北平圖書館影印《宋會要輯稿・食貨六》未見此條，疑作者筆誤。編者注）。可見宋代自太平興國七年（982年）至熙寧元年（1068年）的近百年間還是繼續燒造統治者所用的物品的。其次在越器的碎片裡發現過一件劃有淳化年款的殘碗，因此《余姚縣誌》裡提到「宋時置官監窯焉」（根據《嘉靖志》）一句話是可信的。不過該志最後說到「尋廢」二字，究竟廢在什麼時候，就現在窯址所發現的碎片來看，為時還是很早的，一定在熙寧以後。瓷器停燒了，就燒些沙罐瓦尊之類。上林湖一帶，在千餘年前曾經盛極一時，是一個為中國青瓷奠定基礎的重要的窯地，到今天「千峰翠色」依然，只有幾處零落的磚瓦窯，以及唐宋時代遺留下來的一大堆一大堆的碎片而已。

圖二五／宋「太平戊寅」款標本（越窯遺址出土）

（四）南方的龍泉窯

1・早期龍泉窯

龍泉青瓷聞名於世界，它在中國陶瓷史上的地位，是很重要的。龍泉在浙江的西南隅，以往龍泉的交通，全靠一條甌江。由龍泉往下游去，經過麗水、青田就到溫州。上水因為灘多，船行時間較長，說不定就要個把月。現在交通方便了，從金華去有公路，經過永康、縉云、麗水、雲和，一天就可到達龍泉。

龍泉往西是與福建的浦成相接，西南又與福建的松溪緊鄰，南有慶元為浙江省最西南的一個地區。在這樣一個偏僻的山鄉裡，卻有燒造了全國極負盛名的青瓷的窯場；同時在極早時代，它的出品，就大量地運到外國去了。

可是在我國的文獻裡面系統記載龍泉窯情況的很不夠，如《處州府志》、《龍泉縣誌》、《遵生八箋》、《陶說》、《景德鎮陶錄》等書記載的都是一些陳陳相因的說法，只有《菽園雜記》（著者陸容，江蘇太倉人，成化三年進士）所談的要算是難能可貴了（以後還要引到）。

由於以往記載的忽略，所以對於龍泉窯開始燒造瓷器的時代一向是很模糊的。最近二、三十年來經過人們多次的實地調查，並從各種圖錄所編印出來的實物照片研究，對於龍泉窯的歷史比以前清楚了許多。即如數十年來在龍泉墓葬中所常常發現的多嘴壺（圖二六），又稱五孔壺，壺身上有素地的，有作荷葉瓣形的，亦有作幾層疊置的造型的。刻劃花紋的壺蓋上，有作繩形的環，以便提揭；有的站立著一隻飛鳥，其他式樣亦頗多。亦有並無多嘴的蓋壺（圖二七、二八），往往頸部稍長，腹部較寬，器身上有花紋，都是平底。此種多孔壺的器身，就是在兩晉及南朝時期墓葬中發現的所謂五壺壇，那是在一個壇形器物的上部有五個小罐，中間的稍稍突出，其餘的四個環置在四面。龍泉的多孔壺，就從此種製作轉變出來。比較少見的就是俗稱的龍虎瓶，其實還應稱做壺，那是成對的器物，在一個壺的頸部有一條龍，在另一個壺上有一隻虎，因此叫作龍虎瓶。此種壺的色釉，青的程度極不一致，其中也有通體作粉青色的，但極少見，往往以青色中帶黃或閃灰或微褐色的居多，也有作炒米黃色的。近來外人著作中，有鑒定為越器的，其實是龍泉的早期作品，可以簡稱為早期龍泉。

除了此種比較大型的蓋壺以外，還有一種高約六、七寸的蓋壺，器身全作蓮花瓣形，壺蓋仿佛是蓮花的葉，施釉極勻，近艾色，通體一律。還有一種盤口細頸長身瓶，瓶身刻劃著蓮花瓣兩層，另有似葵花式的花紋，施釉，胎骨均較薄（圖二九）。這都是早期龍泉的標準作品。壺瓶之外有平底盤及捲邊的高足小盤，器心都有簡單的刻劃花紋，這些墓葬

中所出的物品，都是早期龍泉的作品。

　　此種早期龍泉作品淵源於越器。龍泉開始燒造的時期，大約在五代以後，越窯衰落了，龍泉就代之而起。現存的早期龍泉壺，有「天下太平元豐三年閏九月」等題記的雙耳有蓋壺，以及同年的多嘴瓶（元豐三年是1080年，是北宋晚期），這是最可寶貴的歷史材料。

圖二七／北宋龍泉窯刻花五葉蓋瓶　　　　　　　圖二八／北宋龍泉窯刻花蓋瓶

圖二九／北宋龍泉窯刻花盤口蓋瓶

2．南宋龍泉窯

南宋的龍泉窯，在中國陶瓷史上是一個光輝的時期，也是南方青瓷最重要的時期。它的窯址，《處州府志》及《龍泉縣誌》都說在琉田，《菽園雜記》稱為劉田，那裡有琉華山，在龍泉縣西南85里，西距小梅鎮15里。地有小梅溪，是甌江上游的一個支流。

記載上提起當時燒青器的章姓二人，《龍泉縣誌》卷一「輿地古跡」條說：

生二章青器：章姓，生二名，不知何時人，曾主琉田窯。……世人稱其兄之器曰

哥哥窯，其弟之器曰生二章。（《陶說》等書所記約略相同，不再引證。）

窯址除琉田以外，只有《菽園雜記》提到其他的地方。《菽園雜記》一書說及當時的製作方法，這在以往文獻裡是很少的。它的記載是：

> 青瓷，初出於劉田，去縣六十里，次則有金村窯，與劉田相去五里餘。外則白雁、梧桐、安仁、安福、綠繞等處皆有之。然泥油精細，模範端巧，俱不如劉田，泥則取於窯之近地，其他處皆不及。油則取諸山中，蓄木葉燒煉成灰，並白石末澄取細者，合而為油。大率取泥貴細，合油貴精。匠作先以鈞運成器，或模範成形，俟泥乾則蘸油塗飾，用泥匣盛之，置諸窯門　端正排定，以柴條日夜燒變，候火色紅焰，無煙，即以泥封閉火門，火氣絕而後啟。凡綠豆色瑩淨無瑕者為上，生菜色者次之。然上等價高，皆轉貨他處，縣官未嘗見也。

根據著者多次實地調查[35]，窯址之分佈如下（圖三〇，表二）：

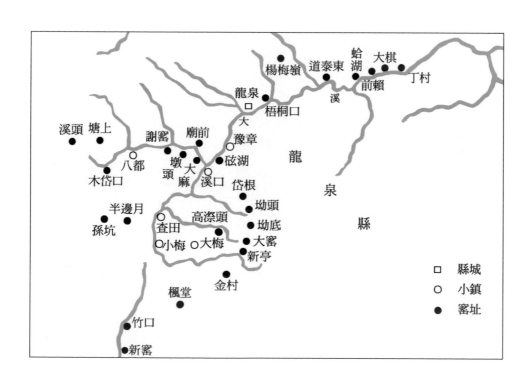

圖三〇／龍泉古代窯址分布略圖

依照《浙江通志》等書記載，僅龍泉縣東鄉的白雁、安仁、安福、綠繞、大安垟、因溪垟、官田、俞溪、大浪坑等處未經調查。因此一般所謂龍泉窯或是處州窯的名稱，只是限於章生一、生二、章龍泉，以及明代移到處州的窯等，一方面對於龍泉窯的範圍的看法太狹窄了，其次明代窯移處州（以前的所謂處州，是指處州府治，即現在的麗水）一節，完全與事實不符（詳細說明見後）。

表二　　龍泉古代窯址分佈表

時　代	窯　地	方　　位
宋至明	大窯	龍泉南鄉，離縣城85里
	岱根	在大窯之北
	坳底	離大窯極近，此處發現黑胎碎片
	坳頭	坳底稍北
	新亭	大窯西南
	金村	新亭之南，尚有現代土窯
宋	高漈頭	大窯西北
	大麻	離龍泉縣60里，在溪口之西、查田鎮北10里
	廟前	大麻之西
	墩頭	廟前之西，此處發現黑胎碎片
	木岱口	龍泉西鄉，離龍泉縣45里
	八都厚樸地	龍泉西鄉，離龍泉縣30里
元至明	楓堂	慶元北鄉，在金村之南，竹口鎮東北3里
	竹口	慶元北鄉，離縣城40里，北距龍泉小梅鎮35里
	新窯	慶元北鄉，離縣城45里
明	砆湖	龍泉南鄉，溪口北15里
	幕窯	龍泉東鄉，在梧桐口，離縣城15里
	楊梅嶺	在梧桐口東北
	道泰東	在楊梅嶺東南，即在道泰鎮外
	蛤湖、前賴、大棋、丁村	以上四處，由道泰往東，均在公路上
	寶定	大港頭對溪，東距麗水縣城60里
	瓷窯	麗水縣南門外，過溪公路邊

時　代	窯　　　地	方　　位
明至清	八都	龍泉西鄉
清以後	塘上、溪頭、大灘、謝窯	以上四處，均在龍泉西鄉
	孫坑	龍泉西鄉，離縣城60里，在查田鎮西南15里
	半邊月	龍泉西鄉，在八都東南，離縣城60里

文獻上亦有約略的記載，歸納起來就是：

宋代

章生一所主之窯，其器皆淺白斷文，號百圾碎，亦冠絕當世，今人家藏者尤為難得[36]。

官、哥窯器皿——官窯品格，大率與哥窯相似，色取粉青為上，淡白次之，油灰色，色之下也。紋取冰裂、鱔血為上，梅紋片墨紋次之，細碎紋，紋之下也[37]。

哥哥窯——色青濃淡不一，亦有鐵足紫口色好者，類董窯，今亦少有[38]。

兄弟各主一窯，而生一所製為佳，故以哥窯別之。哥窯多斷紋，今溫處珍之[39]。

哥窯——其胎質細，性堅，其體重，多斷紋，隱裂如魚子，亦有大小碎塊文，即開片也[40]。

哥窯有粉青一種，較弟窯較為幽豔[41]。

凡瓷器之出於生二窯者極其青瑩，純粹無瑕如美玉，然今人家亦鮮存者，或一瓶一缽，動（輒）博十數金[42]。

龍泉窯土細質厚，色甚蔥翠，妙者與官窯爭豔，但少紋片、紫骨鐵足耳。
弟窯色綠，即龍泉窯也……以無紋者為貴[43]。

弟所陶青器，純粹如美玉，為世所貴[44]。

元代

哥窯在元末新燒，土脈粗燥，色亦不好[45]。

明代

龍泉窯明初移處州府，色青土埜，漸不及前[46]。

明正統時顧仕成所製者，已不及生二章遠甚，化治以後，質粗色惡，難充雅玩矣[47]。

製不甚雅，僅可適用。種種器具不法古而工匠亦拙，然而氣質厚實，極耐火磨弄，不易茅蔑。……有粉青，有深青，今則上品僅有蔥色，餘盡油青色矣，製愈下。若今新燒，去諸窯遠甚[48]。

明仿龍泉與宋無大異，惟其色略淡，其釉略薄耳[49]。

清代

中國青瓷
史略

36

雍正所仿龍泉皆無紋者也，製佳而款精[50]。

清唐英在景德鎮所仿，胎釉乃迥乎不同，大抵豆綠色，有暗花者，即唐所仿也[51]。

現在分別在下面說一說：

先談哥窯。它的特徵，是有紋片，並且有大小之分，普通就叫作大小開片，亦稱文武片。由於片紋的交錯，就形成細眼似的術語所謂「魚子紋」。也有不作如此的開片，再形成彷彿重疊的冰裂樣的紋片，這就是所謂「百圾碎」。此種百圾碎，同樣能在南宋郊壇下官窯的碎片上見之。它的色釉的程度極不一致，有從淡炒米色以至黃色的，有從較淡的青色以至蟹殼青或茶褐色或墨綠色的。還有一種仿南宋郊壇下官窯的作品，它的造型與色釉都很像官窯，也是文獻上所說龍泉仿官的作品，是可以亂真的，就是這一種（圖三一、三二）。不過此種仿官的製作，是否為章生一所燒，現在還不能證明。碎片以及整件遺物的發現，是在抗戰時期（1939年前後），地點在龍泉大窯的坳底，以及溪口鄉的墩頭兩處。碎片約在兩丈左右的深土裡，黑胎骨，大抵很薄，墩頭的更勝於坳底，因此以往認為有斷紋的東西是笨重的，實際上並不如此。器物底足的製作極有規則，黑的胎跟未曾燒透的青釉顯出乳白的兩面，這樣一塊碎片的斷面，宛似一片夾心豆沙的餅乾，器物的邊緣隱

圖三一／南宋龍泉窯仿官窯深腹碗

圖三二／南宋龍泉窯仿官窯把杯

露胎骨，微微顯出一條褐色的邊，這就是所謂紫口。凡是器物轉折部分，也是如此。釉極細緻而潤澤，此種製作，以往文獻未經記載，這是最近十八年來的新發現。

其次要談到沒有紋片的龍泉窯作品，此種作品，普通認為章生二所燒，也是龍泉窯中最可寶貴的。此種器物，以粉青色的釉色為最佳，因為粉青色正是鐵的還原的標準色，也可以說，燒製的技巧已達到最成熟的地步（圖三三）。如其燒得太過了，就要變成較深的翠青；燒得不充分，就是很不美觀的灰青色或灰褐色。還沒達到還原火的時候，就燒成不同程度的黃色（炒米色以至薑黃色）。一般人就稱它為黃龍泉，其實是鐵的氧化的關係，粉青色的龍泉作品，由於釉水下注而邊緣部分釉水較薄，往往在器物的轉折部分露出

圖三三／南宋龍泉窯堆貼虎紋蓋瓶

白色的胎骨，成為一條白線，術語所謂「出筋」。此種情形常見於當時盛行製作的鬲爐的
器身邊緣及足部（圖三四），也見於胎上凸雕纏枝牡丹花紋的爐瓶身上。小的器物，如圓
盒蓋的凸雕花朵，往往在凸雕的輪廓線上顯出胎骨的白痕，這些都是宋龍泉的優點所在。
從這一點，可以看出施釉的技巧、釉水配合跟胎骨泥土的細膩。此外宋龍泉的器物（圖
三五），如盤口雙耳瓶，雙耳有作雙鳳的（圖三六），有作雙魚的，有胎骨較薄的大口直
身瓶，都是宋龍泉獨特的式樣。雙魚洗的雙魚，用的是印花的方法。一般器物的底足都極
有規則，露出不施釉部分的紫紅色，就是普通所說的「血底足」。特別的一種，在青的色
釉上有紅褐色的斑點很有規則地排列著，往往於瓶壺，有蓋罐的全身及小杯的內外面，但
是不多見。此種斑點，就是從兩晉時候的青釉器上接受過來的一種方法。日本人稱它為

圖三四 / 南宋龍泉窯鬲式爐

圖三五 / 南宋龍泉窯長頸弦紋瓶

圖三六／南宋龍泉窯鳳耳瓶

圖三七／南宋龍泉窯青釉蓮瓣碗

圖三八／南宋龍泉窯「河濱遺範」碗

「飛青」，而我們以往研究瓷器者以為這是在燒的時候從匣缽上粘過去的斑點，那真是可笑呢！較大一點的盤碗（圖三七），外面有蓮花瓣，裡面是素的，也有在裡面刻劃蓮花圖紋的，非常生動。在淺的盤洗裡面，有幾條凸起的白線，中央也是起白線的，另有一個四方形的記號，中間是「河濱遺範」四個字（圖三八）。此外在宋代的龍泉瓷器上，就極少有其他字文。最近在吉安永和鎮（即吉州窯）發現以覆燒的形式燒造的青釉器，它的釉色較灰暗而不透亮，這不是仿龍泉的作品，而是一個地方窯的青釉器物。

　　大約從宋末以至明初的百餘年間，龍泉開始燒造一種大型的青瓷器，例如花瓶的高度可過三尺以上，盤的直徑可達兩尺（圖三九、四〇）。瓶或素地，或有花紋。盤心頗多大枝的花果，並有菱花形的折邊。大花瓶是有花紋的，往往在瓶身近底的1/3部分，有蓮花瓣式的凸刻花紋，瓶身有大枝的花果，頸的上部有幾條弦紋，瓶口是侈開的，因全器

圖三九／元龍泉窯印花花卉紋盤

圖四〇／元龍泉窯刻花雲龍紋盤

圖四一／元龍泉窯印花纏枝牡丹紋瓶

胎厚，所以體極重（圖四一）。小型瓶的式樣，短頸直筒形，將到底部稍收斂，底足都很寬，露出赤褐色，凹底有釉。釉色青中帶綠，素地大瓶口釉汁極厚而現蔥綠色，這是那一時期色釉的特點，從文獻裡發現大花瓶上有「括倉劍川流山萬安社居奉三寶弟子張進成燒

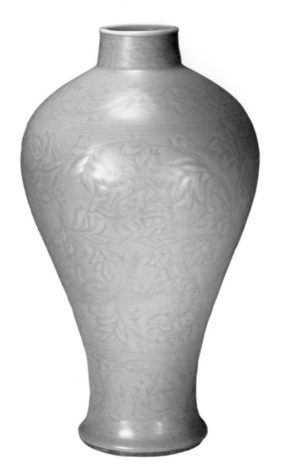

圖四二／明龍泉窯刻花梅瓶

造大花瓶壹雙舍入覺林院大法堂佛前永充供養祈福寶安家門吉慶者泰定四年丁卯歲仲秋吉
日謹題」的記載，可以為鑒別元代龍泉的例證[52]。

　　明代龍泉由於當時大量的生產，所以流傳到今天作品還是不少（圖四二、四三、四四）。
它早期的作品青色釉較深，因此似豆綠色。盤碗的中央，大都有印花，且有字文，字文正
書或篆寫不一。經著者撿拾的有文字的碎片，上面的文字有「福」、「吉」、「吉利」、
「金玉滿堂石林」、「秀」、「上黨」、「平昌」、「河濱」、「壽」、「福壽」、「石
林」、「張」、「劉」、「李氏」、「王」、「積」、「定」、「寶」、「禮」、「天下太平」
（圖四五）、「正」、「金玉滿堂南陽」、「卍」、「林妹」等。還有「顧氏」二字，就是
顧仕成所燒的。《龍泉縣誌》裡說：「正統時顧仕成所製者，已不及生二章遠甚。」它的
作品，有高足杯，有大碗，器物的中央即有篆書長方印的「顧氏」二字。此種碎片見於竹

圖四三／明龍泉窯人物紋碗

圖四四／明龍泉窯刻花牡丹紋碗

口及大窯兩處，而以大窯為多。碗的內部，還有印著人物及文字的，如所謂「孔子泣顏
回」、「趙真女」（即《琵琶記》趙五娘）等，那是道泰東窯的作品（以往文獻中，往往
不明白此種作品的出處）。其他較粗的盤碗，往往作深灰暗青色，胎質亦作灰色，完全不
是大窯附近的土質所燒成。龍泉縣城以東沿公路旁所發現的碎片，大率如此。這就是所謂

「化治以後，質粗色惡」的東西了。下至麗水之瓷窯及寶定窯，也都是這種粗製濫造的作品。而在竹口一帶所燒製的，即使在化治以後，還能保持相當程度的青色釉。文獻中記載年款的有以下各種可以作證（宣德等小件不計入）：

　　景泰伍年福里德安佛信人楊安仁喜舍恭入本寺供發心□□者。（大花瓶，為大維德藏品）

　　處州府麗水縣東鄰信士陳鍔發心喜舍香爐十個奉入六和寺中觀音聖前供養祈保親壽命□自身夫妻偕老家門迪吉子孫茂盛功歸有地福有祈歸者正統丁丑桂月中旬造。（三足大香爐，為大維德藏品）

龍泉縣一都九保皇同居社戶李成德出心拾田貳石土名上礱頭著瓶及爐瓶壹副恭入本社天師大真人衛前永遠供養專保家肥屋潤子貴孫賢一門富盛百事利享有慶者萬曆廿八年十一月吉旦。（鼓丁凸雕牡丹三足爐，現藏故宮博物院）

蓬堂信人周貴點出心喜舍青峰庵寶並一對祈保眼目光明男周承效承德二人合家大小平安天啟五年十月吉。（牡丹大花瓶，原文見著者《瓷器與浙江》一書中《龍泉訪古記一》）

最近在永嘉縣也有燒青釉的窯址發現，該窯建造在明代是毫無疑問的。它的製作與龍泉東鄉的相近，那是明代中葉以後的作品。由於永嘉的位置在甌江的出口處，便於對外輸出，因而青釉器的燒造地點從麗水擴展到永嘉，也是很自然的。當然，永嘉的產品在當時是龍泉的一種「冒牌貨」。恐怕那時候跟龍泉競爭的，還不止這一處永嘉呢。

清代的是怎樣的呢？它的青色釉帶綠而深暗，有「康熙壬辰歲振民武記」文字的一個壺蓋可證（著者藏）。假使沒有題記，就不能跟明代的有所區別。據說乾隆以後，龍泉就不再燒青釉器了。

關於龍泉窯的情況，大概如此。20世紀三四十年代，龍泉八都只有少數幾個人能仿舊（溫州方面也有仿舊的），也能燒製龍泉瓶，其他的土窯只燒些青花的粗碗盞。在1911年左右，有過所謂「浙江省立改良瓷業傳習工廠」，也是依照景德鎮的成法燒製青花及有彩的物品，但只有一個短時間。所以龍泉的優良傳統並沒有能夠在龍泉當地繼續下去。

抗戰期間江西萍鄉曾經燒過仿龍泉青釉的日常用具，相當成功，可是曇花一現，未能繼續仿製。1949年後景德鎮瓷業方面所要走的第一步，就是要恢復已有的技術基礎，因而也燒了些仿龍泉釉的作品，成績很不錯。

（五）北方的青釉器是怎樣發展起來的？

向來對於半瓷質器物經過高火度的施釉分為南北兩大系統，所謂南青北白，幾乎成為定論了。但是，由於墓葬中出土物的不斷發現，北方的青釉器除了早年信陽游河鎮攂鼓台所出土的為南方所習見的以外，其他地方所發現的，確與南方燒造的迥不相同，因而北方青釉器有自成一個體系的情況。舉例來說：

第一，河北景縣封氏墓中出土的蓮花尊，是兩個大蓮花，一仰一覆，頸部貼著浮雕飛天，製作精美。同樣出土的有三件，施釉極勻，呈淡灰色。就全器的造型來看，是夠奇特

圖四六／北朝青釉仰覆蓮花尊

雄偉的了，這是北朝時期的青釉標準作品（圖四六，故宮博物院藏）。

　　第二，河南安陽卜仁墓中出土的青釉器有四耳壺四，小碗五，高足盤一。四耳壺的造型，跟南方的完全不同。壺有蓋，器身腰部最寬大，上下部均作斜削形，平底，壺內上半

身有透明性的淡橄欖色釉，腰部以下露胎不施釉。小碗的釉色與壺相同。高足盤是從豆的造型發展起來的，高足的底部向外侈開，盤的高度淺而盤心極平整，略似現代所用的玻璃製果盤，施釉極薄。洛陽出土的唐代三色釉盤，就是此種造型，器形極樸茂穩重，這也是北方半瓷質器中所特有的式樣。

第三，四繫凸雕蓮瓣大尊，侈口，頸部有寶相花一圈，製作極詭奇富麗。可惜只有一部分，下半截已缺，而這一部分也早已流落到外國去了。青釉較深，據說在安陽附近出土，是唐代的北方青釉器。

第四，新鄉附近出土的鳳頭龍柄蓋壺（圖四七），腹部雕有人像，底部及頸部均有蓮瓣花紋，淡青色，胎極堅硬，平底，釉到底部。這一件在造型方面為出土物中稀有的珍品，是唐代早期的北方青釉器。

圖四七／唐青釉鳳頭龍柄蓋壺

從以上四個最顯明的例子看來，北方青釉器，在北朝以至唐代已有此種珍奇的作品，那麼它的開始創造時期無疑是很早的了。不過這一方面的材料實在不夠充分，還需等待地下的發現。

至於燒造此種青釉器的地點究在何處，至今尚未發現。根據初步瞭解，可能在河南安陽以至林縣境內，或者就在汲縣（以前叫衛輝府），那就需要以後詳細考查了。而此種北方青釉器，為什麼在這樣一個已有相當高度成就的基礎上，還不能發展到跟南方的越器爭一日的短長呢？為什麼北方的青釉竟這樣沒沒無聞而讓邢窯的白釉異軍突起跟越窯較一較上下呢？究竟以後臨汝所燒的青釉器跟安陽所出土的作品，在這樣一個長時期裡是否保持密切的聯繫呢？也就是說，宋代的臨汝窯所燒的青釉器，是否跟北朝以至唐代早期的青釉器一脈相承？這一系列的問題都需要此後繼續努力探討。

20世紀50年代以前，由於人們對於唐以前北方青釉器不甚重視，因而重要物品即使有了發現，也不可能成為科學的研究資料。又因此種物品，多從墓葬中經由盜墓者之手挖掘出來的，所以都通過一班惟利是圖的奸商盜賣出國，在國內很少見到此種實物。而宋代的青釉器則是一般人所注意的東西，因而就有所謂「北方青瓷」的說法，但這是專指北方出土的宋代青釉器而言。至於這些青釉器究竟是在哪裡燒造的，也還分辨不出來。現在就以往文獻片段的記載，並結合最近幾年來的實地調查結果，分別說明如次：

1・耀州窯

宋代的耀州窯是在黃堡鎮。黃堡鎮屬於現在陝西的銅川縣（即以前的同官縣），北距銅川城30里，南離耀縣26里。以前同官屬耀州，因此記載上就稱作耀州窯，正如定窯並不在定州，而在當時屬於定州的曲陽縣相同。

耀州窯所在地點原有窯神廟，即今之東岳廟。廟有窯神德應侯碑，立石年月為「大宋元豐七年九月十八日」（1084年）。碑記中說明窯神之被封為德應侯，是在熙寧中（1068～1077年間）。由此推測，在熙寧以前，當地已有窯神廟，這就說明耀州窯遠在熙寧以前就燒造了，不過早到什麼時候，此刻還不能下結論。

窯的遺址在黃堡鎮南約三里，有一條漆水，相傳從前南北沿河十里路長儘是燒窯的，因此有「十裡窯場」之說。那一帶處處都散布著碎瓷片。

耀窯的青瓷，明陶宗儀《南村輟耕錄》上說是「仿汝而色質均不及汝」，這是比較可信的記錄。此外宋陸游《老學庵筆記》裡說成：「極粗樸不佳，惟食肆以其耐久，多用之。」恐係耀瓷中較粗的一種，並非耀窯的真面目。但是筆記裡又說：「耀州出青瓷器，謂之越器，似以其類余姚縣秘色也。」那又說明耀窯的青釉，是受有越器影響的。不過從現在發現的碎片看（圖四八），還是以仿臨汝的釉色為近。

耀瓷青釉的色調，是青中微微閃黃，一般所謂帶黃的橄欖色。刻劃花紋的圖案，有蓮花及菰草等，整齊中又顯流利，刻劃的方法亦極圓熟生動（圖四九、五〇、五一）。形制大體雖嫌略厚，但有穩重安定之感。其中精品如盤口短頸瓶，通體刻花，並不感到煩瑣。

圖四九／宋耀州窯刻花纏枝牡丹紋葫蘆形執壺

圖五〇／北宋耀州窯刻花牡丹紋碗

圖五一／北宋耀州窯刻花蓋缸

而青色較淡或黃色較多的青釉品類，多厚胎的盤碗，這就是陸放翁所謂粗樸不佳之件，在當時實為民間日常用品。耀瓷胎土作灰色，是當地所產坩土燒成的[53]。

2・臨汝窯

河南臨汝縣是已往的汝州，在一般文獻上（見《清波雜誌》、《坦齋筆衡》、《格古要論》、《遵生八箋》、《留青日札》等書）關於汝州所燒青瓷的窯，都簡稱為汝窯。在臨汝縣境內，燒造青釉器的古代窯址很多，可說是遍於臨汝的四鄉，其中最著名的如臨汝南鄉的嚴和店，臨汝東北鄉的大峪店、東溝、葉溝、黃窯等處。

南鄉的都是印花刻花（圖五二），東北鄉的儘是素瓷片。前者在近人的著作裡，有人認為是汝窯的代表作，其實他們忽略了東北鄉的沒有花紋的青瓷。此種沒有花紋的青瓷，才是臨汝燒青釉器的早期作品。它的色釉潤澤而帶蔥綠，有紋片的似冰裂。鐵還原的青色可以說是達到了相當高度的成就。當時統治者知道臨汝已經積累了許多經驗，並有好多技術優良的工人，因此就要他們替宮中燒製青釉器，而他們也的確發揮了卓越的技巧，燒造出現在我們所看到的所謂官窯汝瓷。

此種臨汝早期的青釉器，究竟從什麼時候開始的呢？在北宋末期宣和五年（1123年），徐兢出使高麗回來後，曾把旅行中的見聞寫了一部有名的《宣和奉使高麗圖經》。其中有一段說：「狻猊出香，亦翡色也。上有蹲獸，下有仰蓮以承之，諸器惟此物最精絕。其餘則越州古秘色、汝州新窯器，大概相類。」可見在宣和五年的時候臨汝所燒的青

圖五二／宋青釉器標本（臨汝窯遺址出土）

陳萬里
陶瓷研究
與鑒定

53

瓷，徐兢以新窯器稱之。但是耀窯在熙寧以前已仿燒臨汝的青釉，可見臨汝窯在熙寧以前，青釉器已燒得相當成功了。到了大觀以前，宮中命汝州工人燒製青釉器，也就是徐兢所謂的新窯器，實在是已經燒製成功的青瓷了。據此，則臨汝窯之燒製青釉器當在北宋的初期。

官窯的汝瓷，通體有極細紋片，底有細小掙釘所支燒的痕跡，色釉似帶粉的青色，所以稱為粉青色。起弦紋的部分（如故宮博物院所藏的汝窯弦紋爐），由於釉水下注，隱露似醬紅色的胎骨，頗顯著，全身釉水勻淨，鐵的還原至此達到完成階段，因而官窯的汝瓷，在中國陶瓷器史上是一個劃時代的產物。現故宮博物院所藏的汝窯弦紋爐（圖五三），可以說是官窯汝瓷中的標準作品。

圖五三／宋汝窯弦紋三足爐（樽）

圖五四／宋汝窯盤

汝瓷除了極細的紋片外，有時有似蟹爪所經過的那樣的劃痕，這就是所謂蟹爪紋，一般評價，無紋的比之有紋的為好（圖五四）。有的文獻上說，宮廷中應用燒造的汝瓷，內用瑪瑙末為釉，最近正有人研究這個問題。

臨汝南鄉所燒的印花刻花的青瓷器，色釉較深而略帶艾色，刻劃的風格比較犀利而有鋒芒。印花的，以小型盤碗為多，顏色亦有比較模糊的（圖五五）。一般古董商稱為北方麗水窯。造型方面，以橢圓形的瓷枕，深刻纏枝花朵最為出色。其他，如細長頸侈口圓腹瓶，瓶身滿刻著花紋，亦至少見[54]。

著者除了在臨汝調查以外，在寶豐的大營青龍寺窯也發現很多的印花青瓷，跟臨汝嚴和店窯相近，可見宋代臨汝窯對於各地的影響是很不小的（圖五六）。

圖五五／宋臨汝窯印花碗

圖五六／宋汝瓷標本(寶豐清涼寺汝窯遺址出土）

（六）官窯器是什麼？（圖五七、五八、五九）

　　宋代宮廷裡先是用的定州白瓷器，因為有芒（就是定瓷器皿的邊緣沒有釉，是毛邊的），不堪用，改用汝州造的青瓷器，後來由官府置窯燒造青瓷器，這就是所謂官窯了。從記載上看，此種官窯青瓷器的燒造時代，是在北宋末大觀、政和間，就是所謂北宋官窯。不久金人到了開封，宋室南渡，在杭州置窯造青瓷器，稱為修內司官窯。後來在郊壇下別立新窯，也就是郊壇下官窯，比之舊窯大不如了。因之宋代宮廷裡所用的青瓷器有這樣三個不同的時期。現在先談北宋官窯。

　　關於記載北宋官窯的文獻雖然有好些，但都語焉不詳。最重要的記載，是《留青日札》說：「文色上白，薄如紙者亞汝，價亦然。」其他關於胎骨、釉色、造型的敘述，跟南渡以後所燒的沒有什麼區別。北宋官窯的窯址，現只知道「汴京自置窯燒造」一點，至於究竟在開封什麼地方，則因為還沒有發現它的燒造遺址，也就是還沒有發現它的堆積碎片所在，故無法確定。有一些評論家以為釉色與南宋官窯類似，證之南渡後修內司的作品是「襲故京遺制」的，可以說，這個意見是正確的。又說北宋官窯跟汝窯的青器是相同的。從所謂「命汝州造青瓷器」這句話看來，可以解釋為臨汝官窯是由汝州的工人燒造宮中所用的青器。後來大觀政和間置窯燒造的官窯，當然不能離開汝州工人熟練的技巧，這從故宮博物院所藏的最可信的實物材料汝窯三足弦紋爐跟北宋官窯的沖耳三足爐看起來，

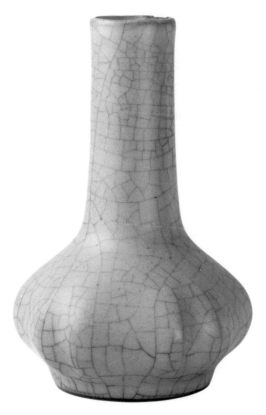

圖五七／宋官窯瓜棱直口瓶

　　二者色釉是那樣的酷似，可以說，臨汝官窯與北宋官窯不僅是類似，簡直是一脈相承的了。

　　因而北宋官窯的釉色同作風，大體上跟臨汝官窯不致相距甚遠，大抵最標準的釉色還是粉青，那是可以肯定的了。

　　此外《格古要論》裡有談董窯一節，說是：「董窯：淡青色，細紋，多有紫口鐵足，比官窯無紅色，質粗而不細潤，不逮官窯多矣，今亦少見。」這裡所說的董窯似乎是跟北宋官窯同時在北方——甚至也在開封——燒造的青瓷，不過比之官窯，一無紅色（《格古要論》論及修內司官窯有所謂「色青帶粉紅……」），二質粗而不細潤而已。因此，有人因為在《宋會要·食貨》五四「窯務」條下有「舊有東西二務」的說法，就以為董窯或即「東西二務」之東窯。更因項子京《歷代名瓷圖譜》一書中有「宋東青瓷菱花洗」一件器物，而清代官窯中就有所謂「東青」（又作豆青，另名冬青，極費解）一種釉色。究竟《格古要論》所稱的董窯在哪裡？是否就可以解作東窯？凡此種種，因為在開封或是開封之東的陳留縣（傳說北宋官窯在陳留）都沒有發現燒造青瓷的窯址，所以使得人們如墮入五里霧中。

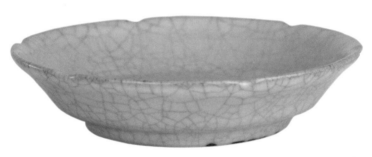

那麼，南宋官窯的情形怎樣呢？

第一次的官窯，據《坦齋筆衡》說：「中興渡江，有邵成章，提舉後苑，號邵局，襲故京遺制，置窯于修內司，造青器，名內窯。澄泥為範，極其精緻。釉色瑩澈，為世所珍。」邵成章（《宋史》有傳）燒青器的窯址，據《遵生八箋》說在杭州鳳凰山下。

第二次的官窯，《坦齋筆衡》說：「後郊壇下別立新窯，比舊窯大不侔矣。」又咸淳《臨安志》卷一〇有「青器窯（雄武營山上圓壇左右）」。

關於修內司窯在杭州鳳凰山下一點，三十年來經過好些人調查，都不能證實它的窯址所在（又查鳳凰山下及附近萬松林一帶，由於一部分在當時就是「大內」的地方，另一部分也是當時的重要園宅所在，因此地下碎片頗多，其中有定窯、龍泉窯，並且有黑釉的碎片，那是當時應用的物品）。至於修內司窯的作品究竟是怎樣的呢？就以往文獻上所記載，如《格古要論》：

官窯器，宋修內司燒者，土脈細潤，色青帶粉紅，濃淡不一。有蟹爪紋，紫口鐵

足，色好者與汝窯相類。有黑土者，謂之烏泥窯，偽者皆龍泉所燒者，無紋路。

《遵生八箋》：

官窯品格，大率與哥窯相同。色取粉青為上，淡白次之，油灰色，色之下也。紋取冰裂鱔血為上，梅花片墨紋次之，細碎紋，紋之下也。……所謂官者，燒於修內司，為官家造也。窯在鳳凰山下。其土紫，故呈色如鐵，時云紫口鐵足。紫口者，乃器口上仰，釉水流下比周身皆淺，故口微露紫痕，何足貴，惟尚鐵足，以他處之土咸不及此。哥窯燒于私家，取土俱在此地。官窯之質隱紋如蟹爪，哥窯之質隱紋如魚子，但汁料不如官窯佳耳。

《玉芝堂談薈》：

官陶之質細以潤，其色青綠，其紋蟹爪，其口紫，其足鐵也。

根據以上的記載，修內司官窯的特點是：

第一，土脈細潤，有黑土的稱為烏泥窯，龍泉有仿造的，這樣說來，官窯中不是黑土的是正路東西，黑土的是例外。又上舉引文明明說到龍泉有仿黑土的製作，證以龍泉大窯及墩頭均有黑胎，而一切製作與官窯相類的，這就是此種仿官的作品，也就是所謂偽官窯的作品了。不過所謂無紋路一點，並不盡然，龍泉之無紋路而與官窯製作相似的，卻不是黑胎。

第二，色青帶粉紅，濃淡不一，其中淡白的較次，油灰色的最下。

第三，有蟹爪紋，就是長條的細紋，還有冰裂鱔血紋、梅花片墨紋及細碎紋。

第四，紫口鐵足，《遵生八箋》解釋得很對。

關於郊壇下新窯的窯址，就在杭州南郊，浙贛鐵路以北一個山的下面。這個山俗名烏龜山，山西南有水田，就是八卦田。山頂在南宋時有郊壇，因此山下的窯就稱為郊壇下新窯。此處發現碎片及窯具很多，碎片的胎骨，因為含有鐵分特多，所以燒成黑色，或近黑褐色，一般人就稱為黑胎。也有灰褐色的，那是燒得不充分（氧化火中燒成）的原故。其次胎骨的製作很薄，有時釉厚的地方，過於胎骨。而造型方面，如口部邊緣、三角形爐足以及高足的折邊部分等，均極精巧。青釉的程度，極不一致，有的還沒有還原成功，所以燒成油灰色。而氧化火中所燒的近似蜜蠟黃的釉色，極潤澤美觀。

由於許多碎片及窯具的發現，證明了南宋這兩個官窯所在的地方，從而揭示了兩個官窯的特點。由此可以依據「襲故京遺制」的修內司窯所製作的，推想到北宋官窯的製作與釉色，這是一個很具體而客觀的推論。

（七）異軍突起的鈞窯

　　一般人所通稱的鈞窯，它的產地是現在河南禹縣的西鄉神垕鎮。《禹州志》上說：「州西南六十里，亂山中有鎮曰神垕。有土焉，可陶為磁。」原來禹縣在北宋時候是陽翟縣，金稱鈞州，明萬曆三年，因避用皇帝（朱翊鈞）的名字，改稱禹州。所謂鈞瓷，在北宋時候只是緊鄰汝州陽翟縣所燒的一種青釉器而已，還沒有鈞窯這個名稱。而在南宋的記載裡，也沒有提及過鈞窯。它的興起，與汝窯的衰落有密切的關係。就是說，臨汝窯到了北宋末年，經過「靖康之變」毀滅了，而緊鄰著臨汝東北鄉大峪店的陽翟縣野豬溝（東距神垕鎮10里），就燒造了一種不同於臨汝所燒的青釉器。這是在北方金人統治之下，以及元代的百餘年間的產物。

　　由於臨汝窯早在北宋末年就毀滅了，而神垕鎮野豬溝所燒造的青釉器，異軍突起，風靡一時，因此到了明代，汝瓷僅是一個歷史上的名詞，而鈞瓷則為一般人所稱道。

　　神垕鎮野豬溝在十餘年前曾經發掘過，發現了不少所謂鈞窯的物品，碎片也很多（圖六〇），就是到了現在，田野裡還可以撿到小塊的碎片，那是當年挖掘遺留下來的，從所

圖六一／宋鈞窯月白釉出戟尊

發現的碎片中可以見到鈞窯的標準作品。這些作品有的在釉下刻劃著菊花的花紋，而通體
又是天青色與玫瑰色相互錯綜掩映的。純粹天青色的色釉，是那麼肥厚潤澤。胎作灰色較
深。它的造型與色釉，都是與臨汝窯截然不同的。造型方面有碗、碟、瓶、罐、香爐、花
盆等，純為民間的日用物品。它的色釉，除了鐵的還原燒成功以外，還有一部分的紫紅
斑，那又是另外一種色釉上的重要發明，就是銅的還原燒成功了。因此鈞窯的器物雖說屬
於青釉一個系統，可是增添了銅的作用。

　　由於此種銅的還原的燒成，青釉器上就不是單純的所謂一色釉，而有了多種多樣的色
調，仿佛在蔚藍的天空忽然湧現了一片紅霞那樣燦爛美觀，這正是異軍突起的鈞窯器的特
色（圖六一至六四）。

　　神垕鎮有此發明，於是附近各地窯場群起仿造，競爭銷場，這就可以說明為什麼在臨
汝大峪店的東溝、黃窯、南鄉嚴和店以及陶墓溝、劉庄、岡窯各地，都發現此種帶有紫紅
斑的鈞窯風格作品。不僅接近神垕鎮的臨汝如此，即遠至洛陽西新安縣北35里的雲夢山也

圖六二／宋鈞窯折沿盤

圖六三／宋鈞窯海棠式盒

盛燒此種物品。後經調查，黃河以北地區，如安陽的西鄉、湯陰的鶴壁集等處古代窯址，此種碎片也很多。這又可以說明此種青釉器上有紫紅斑的作品是風行一時的。可是各地所燒造的器物，胎骨極粗笨，紫紅斑是那麼一小塊一小塊地呆板地散布著，絲毫沒有一種暈渾一片如雲霞般流動之感，並且天青的色釉不是像晴空萬里那樣明快，而是暗淡重濁，像彤雲密布般灰沉沉的色調，給人一種不愉快的感覺。此種作品，後來的人也就不叫它鈞器，而統稱為元瓷。可以見得此種模仿的作品在當時只就供應方面著想，自然沒有什麼藝術上的價值。因此早期野豬溝的一種了不起的技巧，恐怕也就是這樣失傳了。鈞窯之繼汝而起是在金人統治時代，那時是鈞器的黃金時期。到了元代，是所謂粗製濫造時期。及至最後，本身的製作已經是名存實亡。明代一統，景德鎮瓷器風靡全國，地方燒造的窯器被迫只能供應鄰近幾個地區。所以在《明會典》裡，宣德年間有命鈞、磁兩州每年進造酒缸、瓶、罈的記載。由此不難想到，以一個能夠燒造炫耀一時的鈞瓷窯場，退步到奉命供應酒缸、瓶、罈，自然那時候已不再有燒造變化無窮的精美鈞瓷之能力。查初白《人海

圖六四／金鈞窯碗

記》裡說：「大內牡丹盛開，神廟思以瓷瓶貯之，偶江陰民有一鈞州瓶，高數尺許，欲得十金，或笑之，忽內臣覓進。上喜，問價幾何，奏曰，二百金。上諭先給百金，如未肯，再給五十金。」可見當時差不多已經將鈞瓷看做珍貴的東西了。汝瓷盛於北宋時期，迨南渡後就絕響。鈞瓷開始露頭角於汝瓷極盛時代，在南宋一段時期中北方最為盛行。元代以後漸漸衰落，及至明宣德間已不復能燒鈞瓷了[55]。

（八）景德鎮窯的仿燒青瓷

景德鎮自從唐代燒造青釉器以後，到了宋代，就現在所有的材料說，沒有向這一方面發展，而另外成就了一種影青的作品，這不在本文敘述範圍以內，不去說它。到了明代，由於景德鎮製瓷業空前發達起來，於是當地就有仿造宋代幾處負有盛名的青瓷的（圖六五、六六）。此種仿製作品留傳下來的還不少，即如永樂年間燒造的所謂翠青三繫罐（圖六七，現藏故宮博物院），釉薄而勻，色澤近於粉青，比所謂梅子青（一般人稱讚龍泉的色釉，以梅子青為最佳）要淡一點，正可以說是恰到好處的釉色，也就是說，可以與龍泉最優美的作品媲美。可是在那時期龍泉本身已燒不到此種程度。常見的一種宣德年間出品的青釉小碟，有暗花，碟心有青花款「宣德年製」四字，色釉和花紋都是明龍泉的本色。那時候還有仿製汝器的，我們所見到的是一種淺淺的盤，底有「宣德年製」青花款，釉色略帶灰，亦有細紋片，那就遠不如原來的汝器了。成化年間仿哥的小品比較多，如雙貫耳小瓶、花口碗（圖六八）、高足杯（圖六九）等，釉色偏於淡青。隆慶年間出品的小

圖六五／明永樂冬青釉高足杯

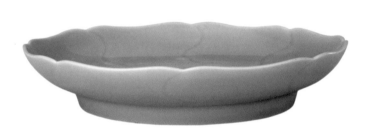

圖六六／明宣德豆青釉刻花葵瓣盤

圖六七／明永樂翠青釉三繫蓋罐

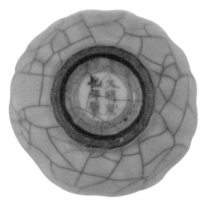

圖六八／明成化仿哥釉花口碗

圖六九／明成化仿哥釉八方高足杯

洗，外部淡青釉，內部青花，有「隆慶年製」四字款，並不多見。還有一種短頸瓶，中部凸雕牡丹孔雀，下部有如意紋，頸部有回紋花樣的，是萬曆年間的作品。

　　清代在景德鎮仿製的青釉器，以雍正、乾隆兩個時期為最多。在官窯方面正是年希堯、唐英監廠督造的時期，在宮中有的是宋代幾個名窯的原器，因而根據汝、官、哥，以及龍泉的種種標準的色釉與造型來盡力仿造（圖七〇、七一）。當時景德鎮的工人們發

圖七〇／清雍正仿哥釉鼠耳爐

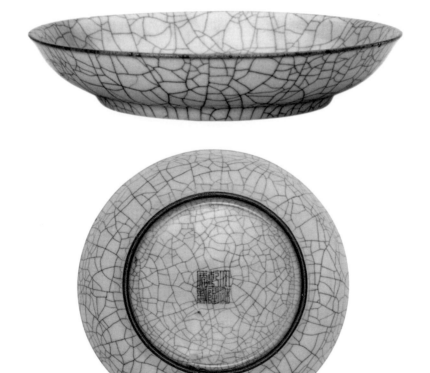

圖七一／清乾隆仿哥釉盤

圖七二／清雍正粉青釉凸花弦紋瓶

揚了優良傳統，充分掌握鐵還原的技術，因而所仿造出來的物品，如雍正的龍泉釉（圖七二、七三），跟永樂年間所仿製的完全相同。官窰的紫口鐵足幾乎跟宋代的作品不相上下。就是汝窰器跟哥窰器也都勝過宣德及成化年間所仿製的。造型方面，有極大的雙貫耳

圖七三／清雍正粉青釉莩薺式三繫瓶

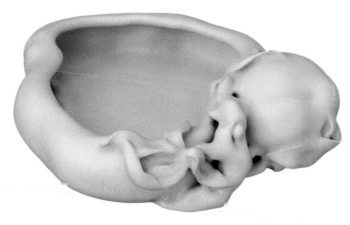

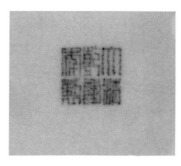

圖七四／清乾隆仿汝釉桃式洗

壺。可以說，仿汝（圖七四）、仿官（圖七五、七六）已達到隨心所欲、水到渠成的地步。到了清代末年，景德鎮的瓷器一般衰落下來，所以仿哥的作品雖還能燒，而釉色燒成油灰色；仿龍泉的作品一般稱為豆青色，而釉裡有很多氣泡，色澤亦顯得灰暗。至於官、汝的作品，那就根本沒法仿製了。

圖七五／清雍正仿官釉四方委角獸耳瓶

（九）閩粵方面燒造青釉器的新發現

在黃河及揚子江流域所燒造的半瓷質的青釉器，雖說到今天還有許多地方需要等待以後陸續發現，可是大體是明了的了。但對於東南一角，除了福建水吉的黑釉器、德化的白釉器及廣東的陽江窯、石灣窯以外，向來知道得有限。最近數年來，由於基本建設工程的進行，出土了許多以前不瞭解的陶瓷器物，因而豐富了我們對於以往各地方陶瓷的製作情況的瞭解，為中國陶瓷發展史增加了許多寶貴的資料。在這裡，就要扼要地敘述閩粵方面此種新的發現。

1・福建

1953年在泉州碗窯鄉發現好幾處堆積碎片及窯具的地方，證明此處是古代燒窯的所在。就其中發現的碎片來分析一下，確實有青釉器存在。據研究者初步分析，它是宋代的作品，釉色青而較淡，胎土灰白，一切製作是宋代的作風。此處燒窯，是否受到龍泉影響，為了供應當時這個濱海地區的人民需要呢？還是另有它的意義？就是說，宋代，尤其是南宋時期，泉州港在對外貿易方面地位重要，是我們所熟知的事實，那就說不定泉州碗窯鄉燒製此種青釉器，有它對外貿易上的需要，此外，在泉州附近的南安及同安各地，都曾發現窯址，是否燒製青釉器，亦需要經過調查方能肯定，因而這方面的研究，需要進一步地進行。

2・廣東

這兩年來，廣東所出土的陶瓷器，對於瞭解中國青瓷的發展有極重要的意義。在廣東的漢代墓葬中，曾發現許多早期青釉的半瓷質明器，這些明器是與浙江出土的魏晉六朝的青釉器一致的，有人懷疑此種物品是否為廣東所燒造，其實一經細細分析，雖與浙江出土的青釉器一致，但自有它的特徵所在。即如造型方面盡多具有南方的風格，如在廣州市東郊東漢磚墓中出土的船的明器，就是一個顯明的例子[56]。

其次在廣東省番禺縣石馬村唐墓中發現的青釉器，它的青釉燒得那樣圓渾潤澤，顯然是鐵還原的成功之證。器物的製作，又是那樣新奇，就它的形式說，四繫罐上不但有蓋，還有一個橫樑，橫樑的兩端各有一個小圓孔，夾在罐肩上的兩塊小立片也有圓孔，中間可以穿過一條繩兒，使得蓋與罐非常安穩地聯繫在一起。提起罐，就不會把罐蓋丟失或滑落了。同時可以用一條繩僅僅貫穿在一側的立片上，罐蓋可以自由開關。此種造型設計得周到，我在早期陶瓷器方面還是第一次看見。它比唐代越器的青色要淡一點，凝厚雖不如，光亮卻過之。在這個墓葬中，類似物品同時出土得很不少。

這許多早期的以及五代的青釉器，在今天雖不能說明它的燒造地點，可以從風格上的

特徵看，定為廣東的產物無疑。

　　再說在廣州西郊皇帝崗發現的古代窯址，是廣東燒造青釉器的鐵證，那裡遍地是碎片和燒窯的工具。它的燒造時代，可以判斷為晚唐以至五代。因為在碎片當中發現很多鳳頭壺的頭部，這是一種唐代陶瓷器的作風。那時候，廣東被統治在窮奢極侈的劉氏（劉龑曾在兩廣建立南漢國）之手，劉氏在種種方面喜歡競奇鬥巧，至有「玉堂珠殿，飾以金碧翠羽」那樣的華靡，因而此種盛行於中原的陶瓷器的風格很容易被廣州的陶瓷手工業所吸收[57]。

　　廣州以外，我們再看東江方面。首先是惠陽，最近在白馬山發現了燒造青釉器的窯址。它的釉色深而胎厚，因為尚未經過詳細的調查，所以對於它的製作還不可能有較詳盡的記載。就時代說，是南宋以後的作品。

　　其次是現在的潮州市，在城外北郊窯上埠出土很多青釉器，釉色青中微微帶黃，盤足平底凸心有釉，並且在盤的後面有四條壓痕。雙繫有蓋罐的嘴小而短，一切製作，完全是唐代作風。胎較岳州及景德鎮唐代所燒的青釉器為重，釉亦較厚。在北郊還發現好些此種碎片，又發現宋代一種燒窯工具——壓錘，上有皇祐二年（1050年）及治平丁未年（1067年）的年號，可見此處自唐代下來一直繼續燒造的。南郊也有此種唐代青釉器的碎片，東郊百窯村後山，俗稱筆架山的山上，到處都是碎片。其中有明代作風的青釉器，是龍泉釉而實非龍泉，確是潮州所燒的物品。潮州距海極近，因而在宋明時期，此種仿龍泉的青釉器也是對外輸出的一種瓷器，可能與福建泉州所燒是同一時期。

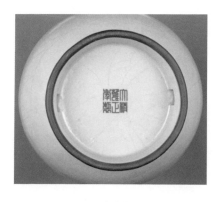

圖七六／清雍正仿官釉弦紋瓶

[1]、[9]　見著者《瓷器與浙江・山陰道上訪古日記二》。

[2]　見《歷史博物館叢刊》第一年第二冊《信陽漢塚發掘記》。

[3]　見日人小山富士夫《中國青瓷史稿》第二圖。

[4]　見著者《瓷器與浙江・吳晉時代的浙江陶瓷》。

[5]　朱契：《建康蘭陵六朝陵墓圖考》裡的插圖。

[6]　參考《考古通訊》1955年第5期《廣州西北郊晉墓清理簡報》並見出土陶器第七。

[7]　見著者《瓷器與浙江・山陰道上訪古日記一》及日人松村雄藏的《越州古窯址探查記》，刊入《陶磁》八卷五號。

[8]　見著者《瓷器與浙江・山陰道上訪古日記一》。

[10]　見著者《瓷器與浙江・山陰道上訪古日記六》。

[11]　党華：《浙江蕭山縣上董越窯窯址發現記》及著者《最近調查古代窯址所見》，《文物參考資料》1955年第8期。

[12]、[16]　見著者《瓷器與浙江・追記吳興金華永嘉三處所發現之古代窯基》。

[13]、[35]　見《瓷器與浙江》。

[14]　見著者《邢越二窯及定窯》，《文物參考資料》1953年第9期。

[15]　見湖南省文物管理委員會《嶽州窯遺址調查報告》，《文物參考資料》1953年第9期。

[17]　見著者《景德鎮幾個古代窯址的調查》，《文物參考資料》1953年第9期。

[18]　參考著者《最近調查古代窯址所見》，《文物參考資料》1955年第8期。

[19]　《十國春秋》卷七八《吳越二・武肅王世家下》。

[20]　《十國春秋》卷七九《吳越三・文穆王世家》。

[21]　《十國春秋》卷八〇《吳越四・忠獻王世家》。

[22]、[28]　《十國春秋》卷八二《吳越六・忠懿王世家下》。

[23]、[24]、[26]　《宋會要》。

[25]　《宋史》卷四八〇《列傳・世家二・吳越錢氏》。

[27]　《吳越備史補遺》。

[29]　《宋兩朝供奉錄》。

[30]　《十國春秋》卷八三《吳越七・錢惟治傳》。

[31]、[34]　見著者《瓷器與浙江・越窯與祕色瓷》。

[32]　參考《余姚縣誌》、《宋兩朝供奉錄》及著者《最近調查古代窯址所見》，《文物參考資料》1955年第8期。

[33]　唐・李肇：《國史補》。

[36]、[42]、[47]　《龍泉縣誌》。

[37]　明・谷應泰：《博物要覽》。

[38]　明・曹昭：《格古要論》。

[39]　清・張習孔：《雲谷臥餘》。

[40]、[49]、[51]　民國・許之衡:《飲流齋說瓷》。

[41]、[50]　清・陳瀏：《陶雅》。

[43]　清・朱琰：《陶說》；清・藍浦:《景德鎮陶錄》等書。

[44]、[45]　清・朱琰：《陶說》。

[46]　清・藍浦：《景德鎮陶錄》。

[48]　明・高濂：《遵生八箋》。

[52]　見大維德《瓷器圖譜》。

[53]　參考著者《我對於耀瓷的初步認識》及商劍青《耀窯摭遺》，《文物參考資料》1955年第4期。

[54]　參考著者《汝窯的我見》，《文物參考資料》1951年第2期。

[55]　著者《禹州之行》，《文物參考資料》1951年第2期。

[56]　《廣州市東郊東漢磚室墓清理紀略》及圖片一，參考《文物參考資料》1955年第6期。

[57]　參考著者《寫在看了基建出土文物展覽的陶瓷以後》，《文物參考資料》1954年第9期；李文信《關於我國陶瓷的幾種新資料》和傅振倫《全國基本建設工程中出土的瓷器》，《文物參考資料》1954年第10期。

中國歷代燒製瓷器的成就與特點

一　魏晉南北朝

1949年以來，在河南、陝西、江蘇、安徽等地區的殷周墓葬裡，曾先後發現許多釉陶整器及殘片，它們的燒成溫度很高（例如，張家坡西周釉陶碎片的燒成溫度，已達1200℃左右[1]），釉色多為薑黃綠色或灰青綠色。就其在燒製過程中對弱還原焰的控制及釉質的化學成分中氧化鐵的含量而論，可以說是最早的青釉器物。殷周以下，各時期的青釉器，均有不少新的發現。如漢墓中發現的青釉器，其形制多為壺及雙繫罈，器身除一般劃刻幾何圖案花紋外，還有劃刻狩獵紋的。三國孫吳時期的青釉器，裝飾更加豐富，不僅利用劃刻，並有堆貼紋樣。西晉初期的器物，造型比孫吳器又遠為複雜。東晉以至南朝宋、齊墓

中出土的器物，則又有不同的作風，最顯著的是在器物上施加斑點或劃刻荷花瓣等裝飾。凡此種種青釉器物，一般都稱為青瓷。

根據現有材料，青瓷多出土於浙江省，燒製青瓷的古代窯址，亦以在浙江發現的為多，如浙江紹興的九岩窯、蕭山的上董窯等。此外，在江蘇、江西、湖北、湖南、四川各處的兩晉南北朝墓葬裡亦多發現青瓷。1959年在江蘇宜興均山山麓間，發現一個新窯址，從堆積的碎片觀察，可能是早期的青瓷窯址。這是一個重要的發現[2]。

在這一時期裡，浙江的德清窯除燒製青瓷外，還燒製了黑釉器。1956年及1959年浙江省文物管理委員會曾兩次前往調查，窯址在德清縣東苕溪沿岸的焦山、戴家山、陳山、丁山、城山等處[3]，根據發現的資料，證明該窯同時燒製黑釉器與青釉器。

自魏晉以至宋代，青瓷的燒製始終居於主流地位，因此它在中國陶瓷發展史中占著極其重要的位置。

三國孫吳時代的墓葬裡常發現一種青釉罎，罎身堆貼樓閣、人物、百戲。據《金泥石屑》載，紹興曾出土一罎，罎側列小碑，有「會稽出始寧用此喪葬宜子孫作吏高遷眾無極」等文字，因與吳「大泉當千」錢同時出土，故定為吳器。吳永安三年青釉罎亦係紹興墓葬裡出土的明器，堆貼紋飾有樓閣、人物、魚、龍、鳥、獸等，人物大都執有不同的樂器作吹奏狀。罎身正面有一小碑，上刻「永安三年時，富且洋（祥），宜公卿，多子孫，壽命長，千意（億）萬歲未見英（央）」二十四字。字刻在泥胎上，外以釉填平，不可摹拓。永安係吳主孫休年號，三年是260年。這是青瓷中有絕對年代可證的一件重要器物（見《中國青瓷史略》圖一）。

西晉青釉騎獸器，形象不同尋常。器下為一獸，類似當代墓中出土的辟邪，通體有印花圓珠紋，獸背騎一人，頭戴一頂圓筒式高帽，帽中空，似可插物，實為晉瓷中少見的作品（見《中國青瓷史略》圖一五）。

東晉青瓷的花紋裝飾，較之西晉顯著不同，甚至有通體光素無紋飾的。但另一方面，又創燒了以褐色斑點來裝飾器皿的技法，一般多在器物的口緣上排列著有規則的斑點，而東晉青釉羊頭壺的斑點卻巧妙地點於羊頭的兩眼。另外，以羊頭作流，又是東晉出現的一種新作風，較西晉的雞頭、虎頭尤為別緻，此器出土於浙江紹興。

根據目前資料，最早燒成黑釉器的是浙江德清窯。它燒製出的黑釉器與浙江其他各窯所燒製的青瓷器，造型基本相似，但又有著不同的風格。東晉德清窯黑釉雞首壺（圖一），腹部顯著膨大，器身較一般青瓷壺低矮，顯得十分穩重，柄上彎，高過壺的口部而轉入壺口內緣，隋唐時期的雙龍壺，可能就是沿襲這種作風。雞頭的頸部較長，盤口較高，雙繫作長方形，這都是德清黑釉壺的獨特風格。

圖一／東晉德清窯黑釉雞首壺

　　南朝的青瓷，以江蘇、浙江一帶出土為多，福建、廣東、湖南、湖北、江西及四川等地也都有發現。但燒製地點，除浙江的上董窯外，其他地區尚未發現。南朝青釉刻花壺係傳世品（圖二），出土地點不明。釉色玻璃光很強，極潤澤，腹部上下有凸雕仰覆蓮花瓣紋飾，在兩層蓮瓣之間，有相連捲草花紋，這是纏枝花紋應用在瓷器上的最早實例。此壺與西晉青瓷壺之稍作橢圓形、東晉黑釉壺之腹部低而略扁的造型，顯然有所不同，壺柄外翻，便於把握，與雞頭、羊頭壺的彎曲長柄截然有異，短流略彎，雙繫孔較大，頸寬、口大，顯得很豐滿，為這一時期青瓷中的代表作品。

　　河北景縣東街約7.5公里處有俗稱為十八亂塚的古墓群。1948年從其中的四座墓及另一墓道中出土了五方墓誌及一方墓誌蓋，證明為北魏、北齊間封氏家庭的墓群[4]。同時出土有銅器，青釉、黃釉、醬褐釉瓷器，以及陶器、陶俑、玻璃器、瑪瑙器、銅印等，共計三百餘件。瓷器中體形最大的為北朝青釉仰覆蓮花尊（見《中國青瓷史略》圖四六），共出四件，兩件出土於封子繪墓，墓誌年代是北齊河清四年（565年）；兩件出土於祖氏

圖二／南朝青釉刻花壺

墓，此墓僅獲墓誌蓋一方，上書「魏故郡君祖氏墓誌銘」，年代不詳。四器均有蓋（有兩
個蓋已破碎不能復原），造型花紋亦相同，僅頸部的花紋略有不同。蓮瓣有六層的和七層
的，雕貼並用，遒勁有力。在第二層覆蓮瓣下方，垂有葉狀花紋，開創了在瓷器上施加豐
富裝飾的手法。這件青釉大尊就是祖氏墓出土的。器形雄偉，是出土青瓷中最瑰麗的作
品。

　　目前燒製此種青釉器的窯址尚未發現。中國科學院矽酸鹽化學與工學研究所曾將景縣
出土的青釉碎片加以化驗分析，認為「景縣青釉器，從胎中所含 Al_2O_3 和 TiO_2 都高，可以看
出是屬於北窯系統的，它的化學成分和臨汝與汝窯最為接近，但它們的加熱脹縮曲線的形
狀差別很大，因此燒造確實地區尚難肯定」[5]。近年來，在湖北古墓中亦有同樣形制的大
尊出土，先後共五件。其中一件是在南齊永明三年（485年）墓中出土的，比封氏墓北齊
大尊早八十年。不過南齊大尊的燒製地點究竟在何處，也還同樣未能明確，尚待以後的發
現。總之，在相去不遠的時代裡，南、北方墓葬中都發現此種器物，是值得重視的一個問
題。

二 隋唐五代

隋唐五代是我國瓷器的成長時期，它繼承了魏晉南北朝的成就，在燒製技法上有了很大的發展。加以漆器、金銀器及銅器的使用隨著時代而逐漸走向衰落，於是瓷器的應用面就日趨廣闊，各類器物的造型，也因適應不同的需要而式樣繁多起來。在這一時期裡，青、白兩種色釉的瓷器，是生產上的兩大主流。

青釉器物在隋代尚無顯著的進步，到了唐代則名窯見於唐陸羽《茶經》的已不止越地一隅，而且秘色瓷器已成為進貢之物。唐代文人歌詠越瓷的詩章很多，可見越器燒造之精。五代時期固短，但由於吳越錢氏的盛燒貢器，使越瓷的裝飾製作，豐富多彩，超越前代。

白釉器物在南北朝時已醞釀萌芽，隋代的白瓷，顯然已燒製得比較成熟。到了唐代，邢窯器物大為流行，有「天下無貴賤通用之」[6]的記載，著名的宋代定窯，其創燒時代實亦始於唐及五代。

唐代除燒製青、白二色釉外，黑釉瓷器也比晉代德清窯所燒製的更進了一步，並綴以大塊斑點裝飾。釉下彩的開始創燒，更是製瓷工藝上的一個重大進展。

1949年以來，曾先後調查發現了不少唐、五代的窯址，如：湖南長沙的銅官窯、岳州窯；河南的鞏縣窯、密縣窯、登封窯；安徽的壽州窯；江西景德鎮的石虎灣窯，以及廣東廣州的西村古窯等，其中湖南長沙的銅官窯，河南的鞏縣窯、密縣窯，廣東廣州的西村古窯等，都是未見記載的新發現。在古墓葬、基本建設工地，以至三門峽水庫工程裡，也曾發現了許多寶貴的遺物。通過已獲得的這些珍貴資料，使我們對這一時期所燒製的瓷器，有了更多的認識。

1936年浙江紹興古城發現唐墓一座，墓中有唐元和五年（810年）的磚墓誌。同時出土了六件瓷器，計壺、盤各兩件，圓盒、小水池各一件，另有銅器若干件。此墓係唐戶部侍郎王叔文夫人之墓。王叔文是山陰人，見於《資治通鑑》及《新唐書》。

兩件壺的造型完全相同。有六方形短流，曲柄，口部略向外翻，腹部豐碩，是唐壺的一種標準式樣（見《中國青瓷史略》圖一九）。通體施釉，光潔無疵，色澤青中閃黃，亦可看出唐代青釉的燒製水準。

唐時，我國與中亞一帶商業交通頻繁，遂將波斯一種有蓋鳥首壺的式樣，經由西域傳到長安。影響所及，在當時白瓷及青瓷的製作上也出現了鳳頭壺，在綠釉及三彩陶器方面，也有裝飾狩獵紋的鳥頭扁形壺。此種有鳥頭的器物，當時習稱為「胡瓶」，是唐代早期盛行的形制，以往出土頗多，鳳頭頂上往往飾有雞冠狀花瓣的唐青釉鳳頭龍柄壺，即

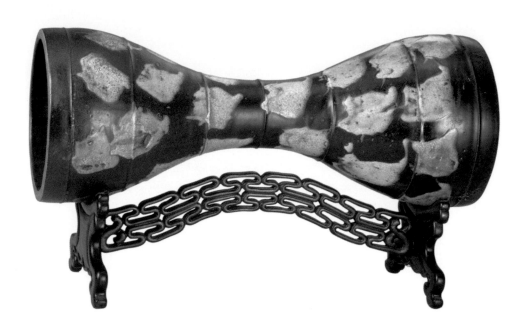

圖三／唐黑釉斑點拍鼓

有此種裝飾。一般鳳頭壺只有一個彎曲的柄，此壺從蓋的一端直到底部，盤結成一條細長的龍柄，是較獨特的創作。壺身布滿雕刻及堆貼花紋，中部堆貼成六組力士舞蹈像，周圍環繞一圈串珠紋，下部寶相花紋與上方六組舞蹈像相對，構成壺身的主要裝飾。壺頸及壺脛，則飾以蓮花瓣、捲草紋、圓珠紋等。

青釉鳳頭龍柄壺是鳳頭壺中最精美的一件（見《中國青瓷史略》圖四七），釉色淡青微黃。出土地點傳在河南汲縣附近，是北方所燒製的青釉瓷器。

近年，在廣州西村皇帝崗古窯址裡，也發現許多此種鳳頭壺的殘片。另在廣州瑞南路也出土了一件整器，現藏廣東省文物管理委員會。

黑釉、黃釉或天藍釉瓷器上施加灰藍色或褐綠色的彩斑裝飾，是唐代的一種獨特作風。彩斑的形狀，有的布滿全器如唐黑釉斑點拍鼓（圖三）；有的作大塊形，多飾於壺身近流部分如唐黑釉斑點壺（圖四）；有的作片葉狀，兩片相連構成一幅極美麗的圖案，畫有此種裝飾的器物，以大型的壺、罐之類居多，如唐灰藍釉斑點罐（圖五）。釉與彩的結合非常和諧，而斑點的大小配置更增加了整體的美麗。

此種瓷器出土於河南南部的墓葬裡。1949年後，在河南泌陽板橋附近曾出過一件，器形與灰藍釉斑點罐雖有不同，但彩斑的作風卻極相似，寥寥數筆，遒勁樸素，別具一種深

圖四／唐黑釉斑點執壺

圖五／唐灰藍釉斑點罐

圖六／唐長沙窯褐彩貼花執壺

沉渾厚的感覺。

　　唐長沙銅官窯枕是湖南長沙銅官窯的產品。銅官窯並不見於任何文獻。1956年湖南省文物管理委員會進行普查工作時，在距長沙25公里的銅官鎮瓦渣坪地方，發現了許多帶彩的瓷器碎片，1958年9月省文管會曾派人進行初步調查[7]，1957年及1959年，故宮博物院也曾兩次派員到銅官調查[8]，證實了此類器物就是這個古窯所燒製的。

　　此種帶彩的瓷器以往在長沙附近墓葬裡出土過不少，由於不能明確燒製地點，因而曾誤認是湖南岳州窯的產品，其實，岳州窯與銅官窯的產品迥乎不同。岳州窯產品，多是青釉及紅棕色、牙白色等單色釉器[9]；而銅官窯則於燒製青釉素器外，還生產豐富多彩的釉下彩器，如釉下施加褐色、褐綠色或綠色的以斑點組成的各種裝飾花紋，也有施以褐綠色彩繪花鳥的。此外，還有貼花或施加褐斑的。器物以壺（圖六）、盤、碗、盒為多，枕亦常見。本集裡所選印的這件（圖七），是在白釉下用綠色圓點組成菱形花紋，並且四塊菱形花紋構成枕面的中心圖案。枕的四角襯以半圓形的紋樣，色彩非常雅潔，加以白釉的柔和色調，更顯出一種靜穆的氣氛。

圖七／唐長沙窯枕

　　唐代越窯壺的造型多短流，彎柄亦較短，壺身略呈扁圓，顯得穩重大方。到了五代，壺的形制就有了顯著的改變，有長而彎曲的流，柄及壺頸均較唐代的長，器身以橢圓形為多，給人以輕盈之感。

　　此壺是傳世品（圖八），光素無紋飾，僅在頸的接連處飾有弦紋一線，兩側小巧玲瓏的雙繫，是五代至北宋早期瓷壺的一種風格。

圖八／五代越窯執壺

圖九／五代青釉蓋罐

五代青釉蓋罐（圖九）是1955年於廣東番禺石馬村五代墓葬中出土的。罐蓋兩側各伸出一橫栓，栓端各有穿孔；罐肩部有二繫，與二繫成直角方向又各有一對立頰，也有穿孔。器蓋橫栓合於立頰內，可於一端孔中穿上橫軸，使器蓋能自由開閉；也可於兩端都穿上橫軸，令器蓋固合，則提攜移動時，器蓋絕不致滑落。如此精巧的設計，可謂別具匠心。此種罐的造型沿襲了晉代所通行的繫罐形式，但晉代的罐僅有四繫而無蓋。此罐既有蓋，又增加了橫栓，在實用上是很大的改進。同時出土的罐還有幾種不同的式樣。罐的釉色極光潤，而青色較淡，這是不同於越瓷的地方。

三　宋

宋代的燒瓷技術有著巨大的發展，最顯著的有兩個方面：

第一是青瓷的燒製。青瓷經過唐及五代，在燒製技術上已有相當深厚的基礎，宋代則又進一步提高。著名的青瓷窯，北方有耀州窯、臨汝窯以及專為王室燒製瓷器的汝窯及官窯；南方則除一度仿照北官而繼續燒製的南方官窯外，還有突出的龍泉窯。其他仿製青瓷的地區，文獻上也都有詳明的記載。宋代青瓷所以遠遠超越前代，其主要原因，在於青釉中含鐵量的適當以及還原焰控制的適度，這種技術上的顯著進步，是燒製青瓷達到卓越成就的最重要條件。青釉的色澤，由微帶黃色而呈橄欖綠色，更進而成為蒼翠欲滴的色調，

明澈溫潤，是我國青瓷達到高度水準的標誌。

第二是宋代瓷器在裝飾花紋上的突出發展。早期的定瓷及耀瓷，僅能在一色釉的器物上施加劃花、刻花及印花等傳統手法。河南修武縣當陽峪窯所燒製的瓷器，已於劃刻之外，創造了剔地及填地兩種新的方法。直到磁州窯系統的許多瓷窯所燒製的器物，才又開創了在胎上用毛筆來作畫的新方法。此種在白釉或綠釉下用黑色或赭色繪畫的裝飾，較之定窯等瓷器上所附加的花紋遠為自由活潑，就是比之唐代長沙銅官窯的釉下彩也邁進了一大步，因為銅官窯瓷器上的花紋大都是規整的圖案，只有把繪畫的方法應用到瓷器上來，才可以從筆觸中充分發揮民間藝人們的智慧。此種瓷器的燒成，為以後的彩繪瓷器奠定了初步基礎。

此外，黑釉瓷器的廣泛應用，影青及釉上施加紅綠彩，以至青花、釉裡紅的開始萌芽，都可以顯示出製瓷工藝的孳乳繁盛。所以說宋代是我國瓷器的一個蓬勃發展時期。

定窯，向來文獻上記載的都說在定州，經過故宮博物院兩次調查，證實了這個古窯遺址在定州鄰縣的曲陽縣北鄉靈山鎮的澗磁村以及東西燕山村（曲陽縣宋屬定州，燕山村一稱燕川村）。現在地面上還堆積著無數標準定瓷碎片與燒窯工具，形成了幾個小丘[10]。

定窯的開始燒造時期，一般都說是北宋，但據《曲陽縣志》王子山禪院長老和尚舍利塔的碑文記載，曲陽龍泉鎮在後周顯德四年（957年）已確有瓷器，而且當時還設置了瓷窯商稅務使，在鎮監收稅銀。由此可證，在後周顯德年間定瓷已大量生產了，不過這一點向來沒有被研究瓷器的人們所注意。在遺址裡還發現了許多唐代式樣的碎片，因而定窯燒造年代的上限要早到唐，而盛於五代及北宋。另從宋宣和二年中山府販瓷器客趙仙重修馬虁碑記中也可獲得佐證[11]。

由於定器是覆燒的，器口多毛邊，至北宋末期，宮廷用瓷就改用了汝器。不久又發生了靖康之變，定窯的生產就衰落了。

定瓷的胎骨一般較薄，白釉微顯牙黃，柔和潔淨。花紋有劃花、刻花、印花等種種。

印花圖案的布局，謹嚴整齊。大盤中心，多係蓮花及鯉魚，四圍輔以牡丹、萱草及飛鳳，配置成一幅極為繁縟的圖案，通體格調統一而和諧。宋定窯印花盤（圖一〇），盤心花紋係纏枝蓮花五朵，以中央一朵為主體；盤周環繞纏枝菊花紋，就圖案設計的整體看來，疏密得體。

刻劃花紋與印花的處理迥乎不同，布局方面也是主題分明，簡潔有力，花紋有纏枝花或折枝花。以篦狀工具劃刻出有斜度凹線，組成各種非常生動的畫面，如花葉的翻側俯仰，水紋的旋轉波折，以至游魚的浮沉跳動，處處都表現出當時製瓷工匠們的卓越技巧。造型以盤、碗為多。大型的碗，外面刻劃蓮花瓣，裡面劃以簡單的花卉，氣韻渾厚。大型

圖一〇／宋定窯印花盤

圖一一／宋定窯刻花梅瓶

圖一二／宋定窯孩兒枕

的宋定窯刻花瓶（圖一一），腹部主體圖案是兩朵蓮花，疏落有致，底部劃蕉葉紋。此種蕉葉紋為此後瓷器上所沿用的一種裝飾。

定瓷除了瓶、碗、盤、碟之外，也燒瓷枕，故宮博物館藏品中有一件宋定窯孩兒枕（圖一二），造型作兒童側臥姿勢，左手墊頭，右手執絲條狀物，體型優美。邊紋飾凸雕圖案，亦極簡潔拙樸，是定瓷中極少見的。

汝州（今河南臨汝縣）何時開始燒青瓷以及受何處的影響，文獻裡尚無明確記載。近年來經故宮博物院調查，確知在臨汝的南鄉嚴和店及東鄉大峪店都散布著很多古代燒製青瓷的窯址，所見碎片的青色，已達到相當高的水準[12]。由於汝瓷有這樣高的成就，所以北宋後期，朝廷便命汝州工人燒製青瓷用來代替定瓷。此種為王室所燒製的青瓷，必先經過宮廷挑選，不合選的才許出賣，因而流傳下來的不很多，所以在不足一百年後的南宋紹熙

圖一三／宋汝窯盤

（光宗）年間，就有汝瓷「近尤難得」之說[13]，足見傳世汝瓷的稀少。

　　汝瓷的釉色比之早期汝州青瓷略淡，有較細的紋片，製作極規整。裡外滿釉，大都用細小的支釘支燒，所以底部有支燒痕。器物以盤（圖一三）、洗（圖一四）為多，宋汝窯碗（圖一五）較少，仿漢代銅洗及銅奩式樣的更少。胎骨較薄的器物，隱隱可見露胎部分呈淺赭色，在帶有弦紋的器身上尤為明顯。

圖一四／宋汝窯洗

圖一五／宋汝窯碗

官窯為宋代四大名窯之一，窯有南北之分。北宋宣、政年間，朝廷繼汝窯之後，在汴京自置瓷窯，專為宮廷燒製瓷器，稱為官窯。南渡後，邵成章提舉後苑，襲故京遺制，在杭州置窯於修內司，燒製青瓷，名內窯，亦稱修內司窯。內窯製品，「澄泥為範，極其精緻，釉色瑩澈，為世所珍」[14]。嗣後，在烏龜山郊壇下別立新窯，名郊壇下窯，比之舊窯，則遠不如矣。修內司窯（內窯）及郊壇下窯，後代統稱為南宋官窯。

汴梁的北宋官窯及杭州的修內司窯，由於窯址尚未發現，無從探討其真實情況。而杭州郊壇下窯，經過多次調查，已為人們所瞭解。因而，除郊壇下燒製的青瓷外，要想正確地區別北宋官窯與南宋修內司官窯的製品，還有待於今後的進一步研究。

官窯青瓷之傳世品大概以洗（圖一六）、碗為多，釉色厚潤瑩亮。器口邊緣部分，由於釉汁下垂，釉層較薄，透出黑胎骨，略泛紫色；底足露胎部分，則呈黑色，因有「紫口鐵足」之說。器身有縱橫交錯的紋片，亦有如冰紋重疊狀的，這是與汝瓷、哥瓷所呈紋片的不同處（圖一七）。

據文獻記載，宋代龍泉縣有章姓兄弟二人，兄章生一，所燒瓷器，名為哥窯。流傳下

圖一七／宋官窯弦紋瓶

來的哥瓷，雖為一般人所熟知，但在龍泉已發現的古代大窯遺址中，尚未發現過哥瓷碎片，因而哥窯遺址究在何處，還是一個尚未解決的問題。目前所謂哥瓷，僅是根據文獻記載或流傳下來的器物如宋哥窯弦紋瓶（圖一八）、宋哥窯貫耳瓶（圖一九）、宋哥窯魚耳

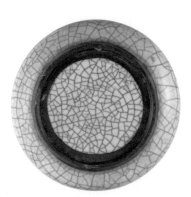

圖一八／宋哥窯弦紋瓶

圖一九／宋哥窯貫耳瓶

爐（圖二〇）來判斷的。哥瓷的特點是通身布滿紋片，並且大小紋片相同，俗稱大小片或文武片。大紋多呈黑色，小紋往往呈醬褐色，所以又有「金絲鐵線」之稱，這是和汝瓷、官瓷不同的地方。釉色有米黃、粉青等種種，器形以爐、瓶居多，有弦紋、貫耳等仿銅器製作，一般都屬小型器物。

圖二〇／宋哥窯魚耳爐

圖二一／宋龍泉窯貫耳瓶

　　龍泉窯在今浙江省龍泉縣。多年來考古學家曾進行過多次調查，1959年江蘇省輕工業廳及浙江省文物管理委員會又聯合進行了一次發掘，對龍泉窯才有了進一步的瞭解。龍泉窯址範圍極廣，一般都以大窯所燒的作為代表。釉色以翠青、粉青、梅子青最佳。器形似盤、碗等實用器皿為多，產量極大，近幾年來在陝西、湖南、四川各地也出土不少。龍泉瓷器不僅銷行國內，同時還遠輸國外，在日本、埃及等國家的沿海灘地以及古城廢址裡，都曾發現龍泉瓷器的碎片。

　　龍泉窯傳世品中，碗及洗器外多飾凸雕蓮瓣花紋。洗心有隆起雙魚的，稱雙魚洗，單魚的極少。宋龍泉窯貫耳瓶的造型，鳳耳、魚耳的常見。貫耳瓶傳世較少，體積大的更不多見（圖二一）。

圖二二／宋鈞窯尊

　　宋代鈞窯的燒製地點，一般都說在河南禹州的神垕鎮。但是經過調查，證實宋鈞碎片
的所在，是在離神垕鎮約５公里的野豬溝。此處距離宋代燒製汝瓷的東鄉大峪店，只35公
里，因此鈞瓷與汝瓷應有密切的關係[15]。

　　鈞瓷的色釉，有綠中微顯藍色光彩的，也有呈紫紅色彩的。藍呈月白，或是蔚藍一
色；紫呈玫瑰般紫紅，或像晚霞一片；更有的是斑斑點點，青藍與紫紅相間，此種錯綜複
雜的色彩，極盡絢麗燦爛之致。燒成的器胎呈灰褐色，器身有盤曲蜿蜒的小條紋，即所謂
「蚯蚓走泥紋」，此種條紋，雖是瓷器燒製上的一種缺陷，但已成為一般鑒定鈞窯所重視
的一種依據。造型以盤、碗、瓶、尊（圖二二）、花盆（圖二三）之類為多。洗的口部作
板沿式，隨洗身分作六瓣如宋鈞窯洗（圖二四）；尊的式樣有仿銅器形制的，宋鈞窯出戟

圖二三／宋鈞窯花盆

尊是最顯著的一例（見《中國青瓷史略》圖六一）。鈞窯產品，一時曾成為風尚，黃河南北產瓷的窯廠都摹仿因襲，直到元代還在繼續燒製。不過青藍地上所呈現的紅色作塊狀，顯得呆板，色調也灰暗滯濁。鈞瓷一般為民間所用，所以傳世頗多。近年在黃河南北各地發現的古代窯址中，元鈞的碎片很多。

　　耀州窯，在宋人筆記、《宋史·地理志》以及方志裡都曾提到，但過去研究瓷器的人，因為未發現窯址的所在，無所依據，因而誤將北方所出土的一種青瓷（其實是耀瓷），說成是宋代東窯作品，或混淆青瓷，或說成是北龍泉、北鹿水、秦窯，甚至還有說成汝窯等的。

　　1949年後，故宮博物院在陝西銅川市（舊稱銅官，屬耀州）北15公里的黃堡鎮（舊稱

圖二四／宋鈞窯洗

黃浦鎮）調查，發現了許多青瓷碎片、窯具以及一塊宋元豐七年（1084年）耀州窯神廟的
「德應侯碑」，碑文中有關黃堡鎮燒製瓷器的記載頗多。這就確切證明了宋代耀瓷窯遺址
的所在，從而耀瓷的真面目也就肯定下來，廓清了以往許多錯誤的說法。這是近年來在陶
瓷研究方面的重要收穫之一[16]。1959年陝西省社會科學院考古研究所在黃堡鎮、立地坡、
上店村及陳爐鎮等地進行了調查發掘，對耀瓷的研究更提供了重要的系統的資料[17]。

　　耀瓷的胎質，灰而帶褐。釉色青如橄欖，但有的稍綠，有的微微閃黃，同一色調之
間，又具有程度不同的差別。器物多盤、碗等日用品，瓶、罐之類甚少，像宋耀州窯刻花
瓶那樣造型渾厚莊重的尤為少見（圖二五）。器物上的紋飾，以內外布滿模印或雕刻花紋
的居多，光素的比較少。器形有作花瓣式的，有六折的，有多折的。花紋的圖案有蓮花、
菰草、纏枝花卉、波浪紋、魚鳥紋等。構圖齊整，線條流利。這也是一般宋代民窯作品的
主要特徵。

圖二五／宋耀州窯刻花瓶

　　宋耀州窯塑像是廟裡的一件塑像（圖二六）。以樹葉蔽體，左手托寶瓶，右手執草葉。傳說黃堡鎮舊有藥王廟，廟中所供藥王是唐代名醫孫思邈。孫是耀州孫家塬人，他不但醫理精湛，而且深通藥物，對於藥物的栽培與採集，都有很大的貢獻，因而後人稱他為藥王。這一塑像或與藥王有關。像通體青釉，略閃黃色，是耀瓷的本色。

圖二六／宋耀州窯塑像

圖二七／宋影青刻花瓶

　　影青是宋元時期一種釉色介於青、白瓷之間的瓷器（圖二七），主要燒造地區為江西
景德鎮的湖田鄉。其特點是胎薄，釉潤，青色淡雅，器形規整。器身上的印花、刻花裝
飾，亦極簡潔樸素。影青瓷器除景德鎮外，江西吉安燒製較多，但胎質鬆粗，釉色灰黃。
此外，福建德化、晉江及安徽繁昌等地，也都燒製，但終難勝過湖田。器形以盤、碗最
多，壺、瓶等物極少，瓷枕更不多見。如宋影青蟠龍枕是近年在湖北漢陽宋墓裡出土的，
比之一般伏虎枕還為精美（圖二八）。

圖二八／宋影青蟠龍枕

　　宋登封窯刻雙虎紋瓶，瓶形略似橄欖，腹部豐滿，圈足。器身花紋主題是雙虎撲鬥於草莽中，線條簡練有力。畫面的空白處，填以細小圓圈，一般稱為珍珠地紋。通體赭彩，覆以白釉，是一種釉下赭彩的做法（圖二九）。近經調查，在河南登封及密縣古窯址中發現不少，因而確定這件瓶的燒造地點在河南省登封縣。

　　宋扒村窯在河南禹縣西北約20公里的扒村，是1949年後故宮博物院所發現的重要古窯址之一[18]。由於扒村窯所燒造的瓷器種類極繁，有白釉劃花、白釉畫黑花或赭花、綠地黑花以及素三彩雕花或劃花等，解決了不少鑒別宋瓷方面的問題。即如這類綠釉黑花器，向來未能肯定其燒製所在，通過窯址的發現，現在可以得出明確論斷。扒村窯所燒製的器物，以大型、白釉畫黑花的為多。器物上的紋飾，一般都是魚藻花鳥之類，潑辣有力。如宋綠釉黑花瓶（圖三〇）的紋飾即魚藻圖，魚的畫法，不求形似，僅寥寥數筆而神氣飛動，這是扒村窯器物的特點。

圖二九／宋登封窯刻雙虎紋瓶

圖三○／宋（金）綠釉黑花瓶

　　黑釉剔花罐（圖三一），宋時在河北、河南及山西等地區，可能曾盛燒一時，1949年後在河北邯鄲所發現的觀台窯[19]、河北磁縣漳河北岸的冶子窯[20]，以及山西雁北地區宋墓中都曾發現此種黑釉刻花的碎片。器形一般較大，所刻花紋粗細不一，以纏枝紋居多，並以回紋或卷草紋作為輔助裝飾。

圖三一／宋（金）黑釉剔花罐

圖三一／宋（金）黑釉剔花罐

四　元

　　元代瓷器從前不為一般鑒賞家所重視，因而文獻上的記載大都說元瓷粗率，毫無可取之處，這是很錯誤的。

　　過去，對釉下彩的青花及銅紅製品，都認為始於宋而盛於明，其實，宋燒之說，迄今並未能從實物上得到確證。而明永樂時期燒製這種用鈷、銅呈色的作品所以能獲得較高的成就，也絕不是偶然的，其間必定有一段發展、成熟的過程，這就不能說是與元代毫無關係。根據近來研究，證實了元代對這兩種釉下彩的燒製，有極其重要的貢獻。它在陶瓷發展史上，具有承先啟後的作用。

　　元代瓷器，一般都是相當大型的，有巨大的罈、罐、壺、瓶以至盤、爐之類。因為器形大，胎骨厚重，顯出元瓷雄壯渾厚的氣魄。畫面裝飾，從宋代的一般尚素，及刻花、劃花、印花，並一部分繪畫方法，更進而發展到突出地完全用繪畫的手法。單就畫面而論，除了用捲草、蕉葉、蓮瓣、纏枝蓮菊、波浪紋作為圈紋或底部裝飾外，主要的裝飾是纏枝牡丹、芭蕉、瓜果、魚藻、雲龍、蓮池鴛鴦、殘荷飛禽、松竹梅、鳳雙飛、人物故事等，題材非常豐富。這為明代瓷器上的繪畫，開闢了一條廣闊的道路。

圖三二／元青花鴛鴦蓮花紋盤

元代瓷器，除了景德鎮窯所燒的這兩種釉下彩作品足以代表這一時代製瓷業的發展水準外，盛行於黃河南北的鈞瓷，暢銷海外的龍泉瓷等，在元瓷的發展中，也都有重要的作用。

元青花鴛鴦蓮花紋盤（圖三二），作菱花邊，折沿，沿面畫錦紋，盤裡畫纏枝蓮花六朵，盤心畫蓮池鴛鴦。結構緊湊，風格清新，標誌著瓷器上的繪畫裝飾已進入了新的階段。

此種大盤為當時輸出國外的主要品種之一，現在留存在伊朗、土耳其及印尼的為數頗多。據近人韓槐准氏《南洋遺留的中國古外銷陶瓷》一書中稱：當時馬來土人習慣，凡遇宴會，例用可供四人至八人共食之大盤。明代馬歡所著《瀛涯勝覽》一書中於「爪哇條」下亦有「國人……用盤滿盛其飯，澆酥油湯汁，以手撮入口中而食」的記載。因而此種大盤可能是專為外銷燒製的。

圖三三／元青花松竹梅紋爐

　　元瓷中，青花爐比較少見。青花松竹梅紋爐（圖三三），沖耳，獸面三足，腹部作長方形，顯得非常凝重。器口邊沿圍以一圈錦地紋，器身畫松竹梅歲寒三友圖，是宋代以來流行的一種繪畫題材。

　　元代釉裡紅瓷器所呈現的紅色，差別很大，多數由於未能燒透，以致顯出灰黑色、淡灰色以及隱約顯現的淡紅色。元釉裡紅松竹梅紋瓶（圖三四）的紅色比較透亮，是元代釉裡紅的優秀作品。花紋除頸部蕉葉、疊浪、捲草及底部蓮瓣座捲草紋外，主要部分是松竹梅，襯以芭蕉與坡石，畫意極為淡遠雅潔。

　　造型繼承宋代製作，而有一些改進，頸部已略短，腹部亦較豐滿，座台極矮，接近平底，顯得非常穩重。

　　元釉裡赭花卉紋神座，座足作魚形，座身花紋有折枝花卉及其他圖案，花紋極為繁複，釉下色澤呈褐赭色，此種彩色，在元瓷中尚屬少見（圖三五）。

圖三四／元（明洪武）釉裡紅松竹梅紋玉壺春瓶

圖三五／元釉裡紅花卉紋神座

圖三六／元影青刻雲龍紋玉壺春瓶

　　元代燒製影青瓷器的窯，經故宮博物院調查，證明是在景德鎮南山一帶。色釉、胎骨都較宋代湖田窯為遜色。元影青刻雲龍紋瓶（圖三六），器形依然是宋代式樣，雲龍以及蓮瓣座、蕉草等紋飾，都是在元代青花、釉裡紅瓷器上經常見到的。

　　龍泉瓷器到了元代，胎骨顯得厚重，青釉色調以暗黃綠色居多，亦有蔥綠色的。底部往往有蓮瓣形裝飾，為元代刻劃花紋的新風格。如龍泉窯刻松竹梅紋蓋瓶（圖三七），瓶肩部有如意形花紋，腹部刻松竹梅，元代鈞窯瓶以至明宣德時代的青花瓶，都是這種形式。

　　元代龍泉瓷器盛銷國外，汪大淵《島夷志略》有「處州瓷器」、「處瓷」、「處器」及「青處器」等名稱。

圖三七／元末明初龍泉窯刻松竹梅紋梅瓶

五　明

　　我國瓷器在北宋時期，已盛極一時。及至金兵南下，河北、河南兩地，首當其衝，窯戶或逃亡或被擄，窯場亦因之荒廢。趙宋南渡後，政治中心移至南方，一時北方的地主官僚、富商大賈以及技術工人，駢集臨安（現杭州），從此，江南生產迅速發展，成為我國經濟繁榮地區。只就手工業中的瓷器製造而論，自南宋以迄明清，著名的瓷窯大都集中於南方。特別是江西景德鎮，因為附近產有優良的瓷土及釉料，更因地理之便，利用鄱

陽湖及長江水道，可以將產品運往各地，所以從元代起，宮廷用器就取給於此。明初奠都南京後，御器廠仍設於景德鎮。這時，景德鎮的製瓷技術已日臻精美，燒造的青花及釉裡紅器，已由初期的萌芽狀態逐步成長以至成熟，而鄭和等七次下西洋帶回了名蘇麻離青的青料[21]，使得青花的燒製有了極大的進步；同時他攜帶出去的青花瓷器為數極夥，無形中為瓷器外銷，開拓了道路，瓷器的需要量，因而倍蓰。於是景德鎮窯便成為全國瓷業的中心。明代（成祖）遷都北京後，官窯依然設在景德鎮，這完全由於物質條件迥非其他地方所可比擬之故。

明代近三百年間，以宣德、嘉靖、萬曆三朝燒瓷的數量最多。又因當時外銷關係，民窯瓷器供應國外市場的為數也很不少。

概括明瓷的主要成就，第一是白釉燒製的成功。文獻上記載的永樂、成化以至嘉靖、萬曆的白釉，有所謂「甜白」（永樂），「汁水瑩厚如堆脂，光瑩如美玉」（宣德），「純淨無瑕」（嘉靖），「透亮明快」（萬曆）等美稱。而這種細膩瑩潤的白釉，又進一步促成了釉下彩及釉上彩的卓越成就。第二是青花器的獨步一時。從明代早期直到崇禎年間，其間青色的用料雖有種種差別，但青花的燒製，始終賡續不衰。從而青花瓷器便成為我國製瓷工業的基本產品之一，迄今仍為人們所喜愛。第三是銅紅呈色的單色釉以及釉裡紅的燒製成功。第四是加彩方法的豐富多樣，如成化的鬥彩，嘉靖、萬曆兩朝的五彩、雜彩等，不但名著一時，並為清代的彩瓷奠定了深厚的基礎。此外，在造型紋飾方面，也不斷有新的發展，這些都為後來清代燒瓷所繼承、發揚光大的源泉。

永樂時期帶款識的青花瓷器極為稀少，見於文獻記錄的，僅明谷應泰在《博物要覽》中說：「永樂年造壓手杯，坦口折腰，沙足滑底，中心畫有雙獅滾球，球內篆書大明永樂年製六字或四字，細若粒米，此為上品。鴛鴦心者次之，花心者又其次也。杯外青花深翠，式樣精妙，傳世已久，價亦甚高。」此杯即俗稱壓手杯，杯心畫雙獅滾球，中有「永樂年製」四字篆款，正是書中提到的上品。所謂壓手杯，就是將杯覆合手中，杯口大小恰合掌心之意；坦口是指杯口外方反開；杯的腰部微折，就名折腰；圈足部分燒造時匣內填沙，以防釉溶後黏著，因而留有沙痕，遂叫沙足；足的內部掛釉，比之外部較滑，又稱滑底。這都是永樂壓手杯的特點。據文獻記載，壓手杯在萬曆時傳世已絕少，其名貴可知。杯口外側有一圈梅花點紋，內側有兩道圈線。杯身繪纏枝蓮紋，明永樂青花纏枝蓮紋杯，杯足外側為捲草紋，青花的顏色，球心者略深，花心者稍淡，胎骨較厚，拿在手中，有凝重之感。

紅釉瓷器的燒製，在元代是實驗試製階段，到明永樂時已完全燒製成功。由於釉色鮮豔，所以稱作「鮮紅」。文獻上以為永（樂）窯鮮紅比之宣（宣）紅尤為貴重。明永樂紅

釉高足碗的裡面印有雲龍紋飾，碗心有「永樂年製」四字篆款（圖三八）。

蓋罐的肩部有三個環耳小繫，保留著元代的遺風。釉色仿宋龍泉窯器，青翠可愛，是永樂時期景德鎮窯仿燒宋龍泉釉達到高度成就的標準作品（見《中國青瓷史略》圖六七）。

碗是仿宋影青的釉色燒成。胎骨極薄，雕刻纏枝蓮六朵，雕刻的花紋透過薄胎映入碗內，清晰可見；碗口外撇，口以下折而下斂，底部較小，是永樂時期碗的典型式樣（圖三九）。

圖三九／明永樂影青刻纏枝蓮紋碗

圖四〇／明宣德青花海濤龍紋扁瓶

　　景德鎮窯在宣德一朝達到極盛時期，文獻上有所謂選料、製樣、畫器、題款無一不精
的記載，所以品評明代青花每以宣德所製為首。青花瓷器的造型、紋飾都極豐富。青料的
應用技法，已達到圓轉成熟階段，在細線輪廓之外，再施以渲染，因而濃淡陰陽，把握自
如，畫面顯得更加生動活潑。紋飾題材多種多樣，鳥獸、魚蟲、花卉、草木，以至雲龍、
海水、人物等，無不就器作畫，配合得當。

　　明宣德青花海濤龍紋扁瓶，波濤洶湧，行龍出沒於驚濤之間，鱗爪生動，有夭矯攫拏
之勢（圖四〇）。枇杷綬帶盤，盤心畫枇杷一枝，綬帶鳥作回頭啄果狀，簡潔生動，宛如
一幅宋人圖畫。盤的造型是元末明初的流行式樣，器形雖大，但極規整（圖四一）。

　　成化一代所燒的瓷器，胎骨薄而堅潔，釉汁瑩潤平滑。這些優點，正說明這一時期用
料選擇之精以及製坯技術的熟練與精巧。

　　成化瓷器的裝飾彩繪，用色較多，明代的文獻，如隆慶間的《清秘藏》、崇禎間的

圖四一／明宣德青花枇杷綬帶紋盤

《長物志》、《博物要覽》及《敝帚軒剩語》等書中，都說成是五彩，或青花間裝五色。所謂「五彩」、「五色」就是多種彩色之意。到清代康熙、雍正年間的《南窯筆記》中，才有鬥彩、五彩及填彩三種說法。所謂鬥彩，是「用青料畫花鳥半體，覆入彩料，湊其全體」，與後來所謂以青花為輪廓，彩加在輪廓內，含有爭妍鬥絕之意的鬥彩完全不同。填彩是以「青料雙勾花鳥人物之類於胚胎，成後，覆入彩爐，填入五色」。而五彩是素瓷純用彩料畫填出的。其實，成化瓷器上的施彩方法既不是鬥彩這一個名詞所能概括，也不限於上述鬥彩、五彩及填彩三種施彩方法。細加區別，可以劃分為：

第一種，全部是青花，偶爾加上幾點彩色作為點綴——點彩；

第二種，彩色覆蓋在青花花草之上——覆彩；

第三種，在青花花紋的邊外，渲染濃淡深淺如暈狀的色彩——染彩；

第四種，在青花的某一部分上增加一種彩色，與青花顯出兩種色調的對比——加彩；

第五種，在輪郭線內施彩——填彩。

此種變化多端的施彩方法，可以說是成化時期的新創造。在這一時期瓷器上所施的彩色，大都鮮明透亮，只有姹紫一色比較濃暗。

此外，瓷器上的繪畫，也極生動，有輕盈美妙之感。

由於成化瓷器有以上許多優點，因而文獻上給予明瓷的評價是：「首成化，次宣德，次永樂，次嘉靖。」這個說法是很有見地的，但也有「青花貴宣德，彩瓷貴成化」的說法。

鬥彩菊蝶紋杯身的彩繪，除了以菊花為主，還有叢草、蝴蝶及蜜蜂等。彩的使用有加點及覆蓋兩種。彩色方面所用的嬌黃同姹紫都是成化彩的特點。畫意極為淡遠。

鬥彩人物杯身繪有人物、松柳、坡石、叢竹等。柳條松枝都先用青料繪製，再蓋以水綠色彩，石邊小竹也是用覆彩方法。人物均用填彩，全杯彩色用礬紅翠綠，鮮豔動人。

成化瓷器的傳世品，多為小型杯碗，瓶極少見。鬥彩蔓草紋瓶身上所畫的蔓草，簡潔明快，富有裝飾圖案的趣味。青料輪廓中僅填淡綠一色，異常靜穆幽雅，是成化彩瓷中別具風格的作品（圖四二）。

鬥彩纏枝蓮紋蓋罐上的蓮花，俱用青料渲染，纏枝則用青料雙勾後再加綠彩，僅器蓋上的花朵是紅色的。此種不同尋常的青花加彩方法，也是成化彩瓷一種新的創造。

成化蓋罐的造型，除腹部扁圓的一種外，鬥彩海龍紋蓋罐這種形制，為以後清代康熙、雍正時期所盛行仿造。這件蓋罐繪海水雲龍，波濤翻騰，蛟龍飛舞，空隙部分襯以朵朵行雲作為點綴，龍身加黃彩，雲同海水是綠彩，浪不施彩，更顯出白浪滔天的氣勢。花邊是一圈礬紅，絢爛奪目，可說是成化彩瓷的一件標準作品（圖四三）。

圖四二／明成化鬥彩蔓草紋瓶

圖四三／明成化鬥彩海濤龍紋「天」字罐

圖四四／明成化青花麒麟紋盤

　　據文獻記載，成化時期由於外來青料俱已用罄，改用國內所產的平等青，因此青的色調較永樂、宣德為淡，成為一種淡描的青花，但比之宣德還為清亮。一般青花器皿的造型與彩瓷相同，但多屬小型。

　　青花麒麟紋盤已不多見，盤較淺，盤邊有款（圖四四），這是宣德年間開創的風格，後來的弘治、正德盤也都沿襲仿製。此盤中畫麒麟較為別致。青花花卉紋碗所畫花卉草蟲，清新俊雅，是成化的獨特風格（圖四五）。

圖四五／明成化青花花卉紋碗

孔雀綠是正德時期獨創的一種釉色（圖四六），它突破了宋代所燒製的那種深暗的青綠，而燒成與孔雀羽毛相似的翠綠色調的孔雀綠魚藻紋盤，是釉下青花與綠釉相重疊，魚藻紋變成黑色，更屬別具風格（圖四七）。

青花瓷器到了正德時期色調已變為晦暗，微微帶黑，亦有近乎淡抹的一種，青花人物

圖四六／明正德孔雀綠刻蓮瓣紋碗

圖四七／明正德孔雀綠魚藻紋盤

盒（圖四八）就接近成化的色調。盒分三層，周身畫庭園仕女通景，盒的造型以及裝飾畫的題材，在正德時代的瓷器裡是極少見的。青花紅綠彩雲龍紋碗（圖四九），在青花瓷器上加紅綠兩種彩色，比之成化瓷器上的加彩別創一種新的格調。正德時燒製的碗，可能在當時聲譽最著，因而到了今天，景德鎮猶有「正德碗」的名稱。

　　素三彩是指用黃、綠、紫等素色所燒器皿的通稱，並不侷限於三種彩色。此種素三彩是正德瓷器裡極為優秀的品種。明正德素三彩海蟾紋洗的外部劃刻海蟾，以黃彩為蟾，綠彩為水，白彩為浪花，紫彩為足，口沿有四字邊款「正德年製」，款飾黃彩，在傳世正德

圖四八／明正德青花人物紋盒

圖四九／明正德青花紅綠彩雲龍紋碗

三彩瓷器中比較少見（圖五〇）。

　　嘉靖時期的瓷器，無論釉下彩或釉上彩都有極大的變化，青料因用幾經淘煉的回青，並加以江西所產的石子青，所以青的色調極濃豔，有的呈菫青色，也有帶紫紅色的，與宣（德）、成（化）時期的青花迥乎不同。嘉靖的瓷器在明代瓷器中評列為第四位。釉上彩盛燒礬紅器，此種礬紅的加彩方法又與明代早期的大有區別。嘉靖以前的礬紅，只是一種

圖五○／明正德素三彩海蟾紋洗

作為點綴用的附加彩飾。嘉靖時期，所謂雜色瓷器上的加礬紅彩是先施黃釉，然後在釉上加彩成為紅地黃花。嘉靖瓷器除此種礬紅作地的以外，還有青地、紫金地、黃地等，文獻上所謂的製錦，乃是嘉靖瓷器中獨具的風格。如青花礬紅魚藻紋蓋罐（圖五一），通體以青料畫魚藻蓮花，藻萍間繪不同姿態的游魚十二尾，稱為鯖鮋鯉鱖水藻魚罐。魚身均施礬紅彩，彩下以黃彩為地，魚鱗及魚身輪廓均用褐彩勾勒，這又是礬紅加彩的另一作風。

　　葫蘆瓶（圖五二）及魚藻罐的器形是嘉靖時代所常見的。葫蘆瓶的器身，有的作長圓形，有的上下兩節圓形都較豐滿，還有上節圓而下節方。礬紅纏枝蓮紋瓶，是屬於長圓一類的形制。罐的式樣有寶珠頂蓋，大型的為多。總之，嘉靖瓷器的造型、施彩以及紋樣，都以繁複勝於前代。

圖五一／明嘉靖青花礬紅彩魚藻紋蓋罐

圖五二／明嘉靖礬紅彩纏枝蓮紋葫蘆瓶

　　隆慶一朝歷時僅六年，傳世瓷器較少，所見僅青花及五彩兩類。青花除盤、碗外，尚有銀錠、長方委角及方勝等各式蓋盒，是隆慶時創造的新形制。明隆慶青花團龍紋提樑壺的製作不用傳統的壺柄，而製成為提樑式樣，壺上青花與嘉靖時期的色調約略相同（圖五三）。

　　萬曆時代，彩瓷已發展到一個燦爛絢麗時期，它繼承了成化、嘉靖的施彩方法，更進而成功地創造了萬曆五彩。此種彩瓷大抵可分三類：一類是釉裡青花，釉上並用綠、黃及礬紅三彩，雖僅四種彩色，但運用上交替錯綜，可以變成多彩的效果；一類是青花上加綠、黃、茄紫、礬紅各種色彩，並用褐黑或褐赤色作為圖案的線描；還有一類是不用青花，僅在釉上加彩繪，其中用紅、綠及黃三種顏色的居多。

圖五三／明隆慶青花團龍紋提樑壺

當時瓷器的造型多種多樣，如棋盤、棋罐以至屏風、筆管等非日常必用之物，也都大量燒製。紋飾方面，構圖新奇，加上廣泛應用彩色，就形成了萬曆彩瓷的時代風格。大型的器皿如罐、瓶、爐之屬（圖五四、五五），小型的如杯、碟、盒、匣等類。品目繁多，其中用鏤空的手法燒製的如五彩鏤空雲鳳紋瓶（圖五六），則是萬曆時代瓷器燒製技巧上的一個新成就。

萬曆除了五彩以外，還有所謂雜彩明萬曆黃綠彩雲龍紋蓋罐（圖五七）。此種用彩方法，嘉靖時已有燒製——礬紅纏枝蓮紋瓶。萬曆時應用黃、藍、青及紅色等作為彩地的更較普遍。

文獻中記述天啟時代的瓷器，多謂青花色調黑，胎厚，而紋飾粗獷，仿佛一無可取。其實天啟瓷器並不如此，只是傳世較少而已。明天啟青花花卉紋方瓶造型優美，青花色調淡雅，花紋亦極細緻工整，可以代表天啟一代的造詣。瓶的外口有「天啟年米石隱製」七字（圖五八）。米石隱名萬鐘，擅書畫，以收藏奇石著名，這是他定燒的瓷器。

圖五四／明萬曆五彩鴛鴦蓮花紋瓶　　　　　　　　　　　圖五五／明萬曆五彩雲龍紋尊

圖五六／明萬曆五彩鏤空雲鳳紋瓶

圖五七／明萬曆黃綠彩雲龍紋蓋罐

圖五八／明天啟青花花卉紋方瓶

　　明代地方窯中，福建德化窯與浙江龍泉窯齊名，傳說德化窯在宋代已經燒製白釉器物，經故宮博物院調查，在德化屈斗宮的古窯遺址裡發現許多宋代白釉碎片，從而證明所說屬實[22]。到了明代，白釉的色調已燒成象牙白，釉層與胎質幾乎不能分清，胎骨雖略厚，但有溫潤如玉之感。所燒器物以盤、碟為多。何朝宗為當時塑像名手。他塑的達摩像，雙目炯炯，極見傳神，衣紋亦有隨風飄動之勢，像背後印有「何朝宗」陰文葫蘆形款識（圖五九）。玉蘭尊，器身刻倒垂玉蘭一枝，布局簡練，是德化窯瓷器中最少見的，應是當時名藝人的精闢之作（圖六〇）。

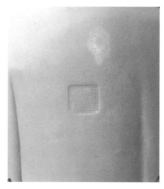

圖五九／明德化窯「何朝宗」款達摩像

圖六〇／明德化窯刻玉蘭紋尊

　　明代缸瓦胎三彩瓶罐，俗稱「法花」，大抵是山西南部澤州（現晉城）、潞安（現長治）、平陽（現臨汾）一帶所燒製的。此種以藍、紫、青三色為主，並部分地配以綠、黃、白等色的作風，頗與唐代三彩及宋元時代的琉璃相近似。三彩的色釉極華麗，藍的如深色寶石，紫的宛如紫芍藥，綠的翠綠，黃的像蜜蠟一般，施彩亦交錯應用。紋飾用線雕、透雕以及堆花、貼花等多種手法。菊花耳瓶就是使用這種堆貼方法燒製的（圖六一）。其燒製時代，大概在明代早期。花紋多以蓮花、蓮池水禽為主題。清代的仿作，則以改用瓷胎。

圖六一／明三彩菊花耳瓶

六　清

清代瓷器，在宋、元、明所取得卓越成就的基礎上，繼續有所發展與提高。在單色釉器方面，康、雍時期燒製的青釉瓷器，不僅充分掌握了準確的配料，更重要的是掌握了火候的變化。如康熙時燒成的天藍、蘋果青釉；雍正時燒製的仿汝、仿官、仿龍泉、仿鈞等色，都能燒得恰到好處，超過了宋代青釉的水準。而明代中葉即已失傳的紅釉器，至康熙時又得恢復。青花、釉裡紅器的燒製，較之元、明兩代，也有了更高的成就。胎骨白釉也比永樂的半脫胎有了更進一步的發展。雍正瓷器的透明度及白度都超過了前代的水準[23]。彩瓷方面，也多創造性的發明，康熙五彩，雍正粉彩、琺瑯彩，至今仍著稱於世。康熙五彩雖然是在萬曆彩的基礎上發展起來的，但與萬曆彩的深厚有別。萬曆彩大都尚凝重，康熙彩則變為剔透明澈。雍正早期的五彩承襲康熙的用彩方法，以後又以粉彩、琺瑯彩獨步

一時。粉彩的長處，與國畫中的沒骨畫法相似，色調層次都較五彩柔潤，因而康熙五彩又稱為硬彩，雍正粉彩則以軟彩稱之。此種粉彩、琺瑯彩器，必須襯以較白的胎地，方能顯出其優點。尤其是用琺瑯彩繪的畫面，白釉更需要潔白無疵，才更能襯托出彩色的柔和薄膩。雍正白釉之進一步的提高，正合於釉上施加軟彩的要求，因而收到相互為用、相得益彰的效果。

仿製，是清代製瓷技術取得高度成就的具體反映。除上述仿汝、仿官、仿龍泉、仿鈞外，康、雍時期仿成化的彩瓷，尤能亂真。乾隆時又進而仿燒銅器、漆器等各種工藝品及乾鮮果品。此類仿製器物，不僅色澤與原物無別，而且還精確地表達出原物的質感。僅憑肉眼觀察，有時竟難辨識。這就證明了製瓷工藝已經高度準確地掌握了配合釉料和燒變火候，因此才能得心應手，無往不宜。此外，乾隆時還別出心裁，燒成雕鏤精細的轉心瓶及轉頸瓶，可見此時製造瓷器的成形技術也取得了新的、更高的成就。

如上所述，清代瓷器在我國瓷器發展史上，實佔著光輝的一頁。尤其是雍正瓷器，無論在哪一方面，都已攀登了製瓷工藝的新高峰。所以說此一時期是我國瓷器的黃金時代，並非過譽。

清代主要官窯，也設置在景德鎮。並由朝廷簡放專員負責，大抵由督榷兩淮或九江關者兼督景德鎮窯務。如康熙年間的臧應選、雍正年間的年希堯，以及乾隆年間的唐英，都是如此。這些督窯官中，唐英是一個頗肯鑽研技術，因而也是一個有所貢獻的人。他曾自記：「胼胝盡職於景鎮窯廠者九閱寒暑」[24]，在《窯務事宜示諭稿序》文中，又有過這樣一段記載：

> 陶固細事，但為有生所未經見，而物料火候與五行丹采同其功，兼之摹古酌今，倣舉崇庫之式，茫然不曉，日唯諾於工匠之意旨，惴惴焉惟辱命誤公之是懼。用杜門謝交遊，聚精會神，苦心竭力，與工匠同其食息者三年，抵九年辛亥。於物料、火候、生克變化之理，雖不敢謂全知，頗有得於抽添變通之道。向之唯諾於工匠意旨者，今可出其意旨，以唯諾夫工匠矣[25]。

可見他對於窯務，切實下過一番研究苦功。乾隆八年，唐英曾「奉旨」由內廷交出陶冶圖二十張，次第編為圖說進呈。這二十條圖說，實為當時燒製瓷器的具體操作程式，留下了一份記錄。

清代帝王對於燒製瓷器刻意求精，御用器物，往往由內廷發樣照製，乾隆更常好自題詩詠，脫燒於瓷上。至清代末期，更有用紙作模型及展視圖的。由於官窯擁有雄厚的物質

圖六三／清康熙米色地五彩花鳥紋玉壺春瓶

條件，所用彩料，質純、品全，又能羅致名匠高手。對於每一項新的創造都有充分的物資
與人力進行試驗，因而官窯的製作，雖是為了滿足帝王的苛求，客觀上也就促使製瓷技術
達到了所燒俱皆「精瑩純全」的境地。

更重要的是，由於工人的相互傳授，官窯製瓷技術的改進與發展，勢必影響及於眾多
的民窯，於是在製瓷業上無形中起了推動作用，使整個清代製瓷業都能推陳出新，取得輝
煌燦爛的成果。

五彩瓷器到了康熙時代，有了很大的發展。彩瓷中的青色有時不用釉下青料，卻代以
釉上的藍彩，燒成的色調，濃豔處有時勝過青花。其次是創造了一種黑彩，光亮如黑漆，
襯托在五彩瓷器上，更能顯出繪畫的效果。還有用金彩的，五彩花鳥紋尊，碧葉紅蓮，襯
以金花數朵，色彩富麗姣豔，為康熙彩瓷中最突出的作品（圖六二）。此外，更有在器地
上加彩的，黃地、綠地、黑地等，比較常見，而米色地五彩花鳥紋瓶這種用米色地的，在
五彩器中則屬少見（圖六三）。

圖六四／清康熙五彩蝴蝶紋梅瓶

　　五彩瓷器以大型的瓶、盤居多，瓶（圖六四）、尊之類的造型，有康熙時代的獨特風
格，其他如魚缸、花盆等器物傳世的也很多。器物上的紋飾，一變明代嘉靖、萬曆時期的
放縱豪邁為清新俊逸，尤其是花鳥畫，雅潔淡遠，令人見之心曠神怡。所施色彩，紅綠相
映，卻毫無濃俗之感。同時，色彩的處理，濃淡適宜，而畫面布局的疏密繁簡，上下俯
仰，都能處處呼應；尤其是穿花的蝴蝶、翱翔的飛鳥，轉側顧盼，各盡其能。五彩花鳥紋

圖六五／清康熙五彩花鳥紋筆筒

筆筒（圖六五）及五彩竹雀紋壺（圖六六）的黑彩紋飾，如晚秋的殘荷，搖曳的竹枝，詩
情畫意，清雅宜人。背面有西園題字。瓷器上的裝飾繪畫，到此地步可謂盡態極妍的了。

　　彩瓷中的塑像，三彩為多，五彩的較少，五彩鍾馗像更屬罕見，山石一面有「康熙年
製」四字刻款。

　　琺瑯彩瓷器始於康熙時期，是仿照當時銅胎畫琺瑯器皿的色彩與紋飾燒製的，多以

圖六六／清康熙五彩竹雀紋壺

黃、藍、紅、豆綠、絳紫等色作地，紋飾以四朵蓮花或菊花相連為主，其他細小花紋為輔。琺瑯彩花卉紋瓶以絳紫為地，蓮花作黃色，地調深沉，富有圖案趣味，是康熙琺瑯彩瓷的特點。一般款字用胭脂紅或天藍等色堆料，外有雙方欄「康熙御製」四字。此瓶刻四字陰文款，極為少見（圖六七）。

明代中期，紅釉瓷器的燒製方法即已失傳，改燒礬紅器。清代康熙時期，經過製瓷藝人們的刻苦鑽研，終於恢復了生產，產品的品質已接近明宣德時期的水準。此種紅釉瓷器，俗稱「郎窯紅」，特點是釉汁瑩厚，色調濃紅有不規則的牛毛紋，口部及底部周圍有輪狀白線，名燈草邊。底部流釉下垂，紅色更濃。器底呈炒米黃色的，稱為米湯底；呈淺綠色的，稱為蘋果青底。紅釉尊的色澤，鮮豔奪目，是紅釉器中之標準件（圖六八）。當時燒製此種紅釉瓷器，以體積大的居多，小型的較少。

康熙時所燒製的一道釉瓷器，除了紅釉及天藍色釉外，仿龍泉稱為「蘋果青」的，也是著名的成功作品之一。青釉器在明代永樂時，尚可與宋龍泉窯媲美，宣德時所作已遜前朝，此後就絕少仿製。直至清代康熙時期，才遠溯宋代，追蹤永、宣，燒成了這種蘋果青的傳統品種。青釉菊瓣紋瓶的造型，與豇豆紅釉所謂萊菔尊的同一式樣，下部亦凸雕菊瓣紋，底有「大清康熙年製」六字款（圖六九）。

圖六七／清康熙琺瑯彩花卉紋瓶

圖六八／清康熙郎窯紅釉尊

圖六九／清康熙青釉菊瓣紋瓶

　　康熙時期的青花瓷器，由於使用範圍的擴大及需要量的增加，已成為瓷器生產方面的
一個主流，器形的大小不一，式樣亦極繁多。官窯器上的青色，應用雲南所產珠明料，色
調深藍，有濃重明爽之感。民用青花器與官窯相較就有程度不等的差別。青花器物的紋
飾，山水、人物、花鳥無一不備。筆觸清新勁秀，與明代風格截然不同。

　　青花松竹梅紋壺以松樹為柄，竹節為流，梅幹為鈕，設計非常巧妙。壺的形制，玲瓏
別緻，是一件既實用又美觀的標準官窯瓷器（圖七〇）。

　　明代景德鎮窯已燒製素三彩，方法是在白瓷胎上先用線描，再刻成淺浮雕，然後加
彩。康熙時代的燒製方法則更進一步，有在素燒的白瓷胎上加彩的；有在白釉瓷器上塗以
素地施以紋飾的，因此風格迥異。彩料多為黃、藍、紫、綠等色。

　　素三彩薰通體以錦紋為飾，四面鏤空透雕，製作精緻，色調溫雅（圖七一）。

圖七〇／清康熙青花松竹梅紋壺

圖七一／清康熙素三彩熏

圖七二／清雍正珊瑚地粉彩花鳥紋瓶

圖七三／清雍正粉彩團花蝴蝶紋碗

　　清代粉彩瓷器，康熙時已開始燒製。到了雍正時期，無論在造型、胎釉及彩繪各方
面，都達到了空前的發展。

　　珊瑚地粉彩花鳥紋瓶的特點在於襯地的珊瑚色澤，加以器身上花鳥畫面的構圖雅潔，
施彩鮮明，更突出了雍正粉彩的光輝成就，底有青花「大清雍正年製」款（圖七二）。

　　清雍正粉彩團花蝴蝶紋碗身共有團花五組，每組由不同姿態的飛蝶兩隻，以及各種花
卉組成。畫工精細，蝶翼的陰陽面及翼紋的層次都清晰可辨。用彩方面，僅就紅色而論，
淡的如薔薇，深的如胭脂，柔和典雅，且濃淡之間，層次分明，更顯出色調的豐富多彩
（圖七三）。

圖七四／清雍正五彩仕女紋罐

　　五彩瓷器始於明而盛於康熙時期。雍正時期，則轉向粉彩方面發展。清雍正五彩仕女罐仍用五彩的著彩方法，是雍正初年的作品。罐身繪仕女及嬰兒各四人，或坐或立，姿態不一。並襯有桂樹、山石及魚缸等。畫工精細，加黑描金，彩色鮮明。題材設色均保留著康熙時代的風格（圖七四）。

　　雍正時期的琺瑯彩與康熙時代不同。胎骨頗像永樂的脫胎器，釉汁潔白，更超過以往的任何作品。彩繪精緻，達到了空前水準（圖七五）。此種琺瑯彩瓷器，俗稱為古月軒器，在乾隆時稱為瓷胎畫琺瑯，以別於料胎、金胎琺瑯器。關於琺瑯彩瓷的說法，一般談瓷書籍，曾就「古月軒」一詞，旁徵博引，但仍各執一說，未有定論。其實這是廠肆估客故弄玄虛，以抬高售價。或謂古月軒瓷器是先在景德鎮燒製器胎，再運到北京由宮廷如意館供奉畫家彩繪，最後由造辦處用彩爐燒成。這也是臆測之詞，沒有確切證明。此種瓷

圖七五／清雍正琺瑯彩雄雞牡丹紋碗

器，由於瓷胎過薄、畫工精緻，已成為一種專供欣賞的藝術品。就其工藝上的成就而論，可謂前無古人，尤以雍正一代所製為最，就是到了乾隆時也還略有遜色。

此種瓷器大都題有五言或七言詩，並有印章。琺瑯彩松竹梅紋瓶（圖七六），題句是「上林苑裡春長在」，引首章是「胭脂翔彩」（陽文），題句下有「壽古」（陰文）、「香清」（陽文）兩個印章，底有青花「大清雍正年製」六字楷書款。底為藍料「雍正年製」四字楷書款。琺瑯彩山水碗（圖七七），較之尋常的琺瑯彩瓷器更為別致，通體用藍料畫山水，宛然是一件青花瓷器。詩句是「翠繞南山同一色，綠圍滄海綠無邊」，引首章是「壽如」（陽文），詩句下印章是「山高」（陰文）、「水長」（陽文），底為藍料「雍正年製」四字楷書款。

鬥彩瓷器開始於明成化時期，但大抵是小型器物如盞、盤、杯、碗之類。到雍正時

圖七六／清雍正琺瑯彩松竹梅紋瓶

圖七七／清雍正琺瑯彩山水紋碗

圖七八／清雍正鬥彩花卉紋尊

期，又增加了各種大型器物。鬥彩花卉紋尊通體作花瓣形（圖七八），繼承了康熙時代百折色釉罐的作風，而器型較百折罐為大。如此一件規整的大器，自製胎成形，以至燒成，需要大量人力才能完成的。紋飾方面，利用器身花瓣凸棱以連枝花草組成直條花紋，構圖非常新穎別致。至於造型的端重，彩色的瑰麗，在雍正彩瓷中可推獨步。

　　元明時代的青釉瓷器，雖能製作大型的瓶、罐、爐、盤，但式樣比較簡單。盤，大都體形平扁；瓶，又是所謂一統尊的形式，變化亦極有限。一般胎骨厚重，體形尚難合乎規整的標準。而龍泉器的色澤，亦較宋代還為遜色。到了明代後期，青釉竟成油灰色。

　　直到清代康、雍時期，尤其是雍正一代在總結前代傳統技法的基礎上，一道釉的青瓷
得到復生，並且又獲得了新的成就。

　　青釉魚簍尊的造型，仿魚簍式，是景德鎮藝人們別出心裁的作品（圖七九）。

　　清雍正青釉凸花瓶（圖八〇）形略仿漢代的溫壺式樣，蓮瓣口，頸細，有凸雕弦紋一
道，肩部兩側各有凸雕獸銜環暗耳，底有青花「大清雍正年製」六字篆書款。

　　清雍正窯變弦紋瓶（圖八一），仿漢代銅壺形式燒製，釉色是在仿宋代鈞窯的基礎上
而有所發展，製瓷藝人們利用不同金屬的變化以及火焰的性能，燒成了宛似火焰般的色
彩。較紅的稱為火焰紅，較青的又稱為火焰青。極為美觀。

　　乾隆時期，製瓷藝人們仿製的銅、木、漆、石及竹編各類器皿與果品，無不惟紗惟
肖。這只有掌握了熟練的製作技巧與窯火變化等關鍵才能做到如此逼真。仿古銅犧耳尊係

圖八〇／清雍正青釉凸花瓶

圖八一／清雍正窯變弦紋瓶

圖八二／清乾隆仿古銅犧耳尊

仿戰國錯金銀銅尊燒製（圖八二）。藝人們能將古代銅器的色澤、鏽斑及金銀嵌花紋飾毫釐不差地表達出來，充分顯示了他們驚人的技巧與才能。這件仿銅尊見於唐英的陶成圖畫卷，應是唐英督陶時精心獨到之作。

明代已開始創燒鏤空套瓶，清乾隆時，製作方面又有新的發展。粉彩鏤空轉心瓶（圖八三）是在鏤空的瓶內，套裝一個可以轉動的內瓶，內瓶上繪嬰戲圖。轉動內瓶時，通過外瓶的空隙，可以看見不同畫面。這是乾隆時期藝人們的精心設計，這樣的技巧是空前的。

圖八三／清乾隆粉彩鏤空轉心瓶

圖八四／清乾隆粉彩山水轉頸瓶

　　轉頸瓶也是乾隆時期創燒的品種之一，在燒製技巧及構圖設計上也都是很費巧思的。粉彩山水轉頸瓶（圖八四），瓶四面開光，繪春夏秋冬四季風景，可按季節陳設，不因兩耳固定而受到影響。每一開光畫面，題有詩句，用隸、楷、行、篆四種書法寫成。隸書詩為「春到人間饒富麗，柳煙花雨總宜人」；楷詩書為「風縐縠紋回遠瀨，霞堆峰勢映明川」；行書詩為「澹月梧桐影，輕風薜荔香」；篆書詩為「梅帳春融雪，松窗月舞龍」。詩句下有「乾隆宸翰」（陽文）及「惟一精進」（陰文）小方章。底為青花篆書「大清乾隆年製」六字款。

　　清乾隆琺瑯彩團花紋瓶（圖八五）的紋飾布局，採取西方圖案方法，而在造型和設色上，仍保留傳統的民族風格。此種作品在唐英時代是所謂仿照洋瓷的新品種。

　　清乾隆琺瑯彩花卉紋瓶（圖八六）的造型，是乾隆時期瓷瓶的典型式樣之一。瓶上一面畫月季、天竹、臘梅和蘭花，另一面題五言詩「夕吹撩寒馥，晨曦透暖光」兩句，及

圖八五／清乾隆琺瑯彩團花紋瓶　　　　圖八六／清乾隆琺瑯彩花卉紋瓶

圖八七／清乾隆琺瑯彩嬰戲圖瓶

「佳麗」、「金成」、「旭映」三胭脂彩圖章款，底有藍料方欄「乾隆年製」四字楷書款。

清乾隆琺瑯彩嬰戲瓶（圖八七）身三面開光，裡面各畫兩個戲嬰，姿態都很可愛。彩繪是用琺瑯彩與粉彩兩種彩料繪製的，因而兼有兩種瓷器的效果。這種用料法也是乾隆時的創舉。

[1] 周仁、李家治、鄭永圃：《張家坡西周居住遺址陶瓷碎片的研究》，《考古》1960年9期。

[2] 江蘇省文物管理委員會：《宜興發現六朝青瓷窯址》，《文物》1959年7期；劉汝醴：《宜興均山青瓷古窯發現記》，《文物》1960年2期；蔣玄佁：《訪均山青瓷古窯》，《文物》1960年2期。

[3]　浙江省文物管理委員會：《德清窯調查散記》，《文物》1957年10期，《德清窯瓷器》，《文物》1959年12期。

[4]　張季：《河北景縣封氏墓群調查記》，《考古通訊》1957年3期。

[5]　周仁、李家治：《中國歷代名窯陶瓷工藝的初步科學總結》，《考古學報》1960年1期。

[6]　唐·李肇：《國史補》。

[7]　湖南省博物館：《長沙瓦渣坪唐代窯址調查記》，《文物》1960年3期。

[8]　陳萬里、馮先銘：《故宮博物院十年來對古窯址的調查》，《故宮博物院院刊》1960年總2期；馮先銘：《從兩次調查長沙銅官窯所得到的幾點收穫》，《文物》1960年3期。

[9]　湖南省文物管理委員會：《嶽州窯遺址調查報告》，《文物參考資料》1953年9期。

[10]、[12]、[15]、[16]、[18]、[20]、[22]　陳萬里、馮先銘；《故宮博物院十年來對古窯址的調查》，《故宮博物院院刊》1960年總2期。

[11]　見光緒三十年重修《曲陽縣誌》卷一一、卷一二。

[13]　宋·周輝：《清波雜誌》，書成於南宋紹熙二年（1191年）。

[14]　南宋·葉：《坦齋筆衡》。

[17]　陝西考古所涇水隊：《陝西銅川宋代窯址》，《考古》1959年12期；王家廣：《耀州瓷窯分析研究》，《考古》1962年2期。

[19]　河北省文化局文物工作隊：《觀台窯址發掘報告》，《文物》1959年6期。

[21]　明·黃一正：《事物紺珠》卷二二。

[23]　參閱中國科學院冶金陶瓷研究所專刊《景德鎮瓷器的研究》。

[24]　清·唐英：《陶人心語》卷六「自題漁濱課子圖小照」。

[25]　清·唐英：《陶人心語》卷六，27頁。

中國古代陶俑

一

　　我國現存的許多古代陶俑，都是從古墓中發掘出來的，古時叫做「明器」。「明器」
這個名詞最早見於《周禮》，是陪葬入壙用的器物的總名稱。陶製的明器是明器中的一
種，陶俑又是陶製明器中的一種。

　　它的來源是怎樣的呢？我們知道，殷代的奴隸主死後，要用許多活人來殉葬，是希望
死後還有人可以供給死者奴役和驅使。到了周代，從劉歆的《西京雜記》來看，還可以發
現，漢代廣川王所發掘的周幽王塚，裡面有屍百餘，縱橫滿地，只有一個男子，其餘都是
女子。而墨子的《節葬》篇裡，還說到「天子殺殉，眾者數百，寡者數十；將軍大夫殺

圖一／西漢灰陶女立俑

殉，眾者數十，寡者數人」等，可見當時用活人殉葬的風俗，是何等的殘酷！到了後來，生產一天一天地發展，奴隸主認識到被奴役者的勞動力可以利用到生產上去，於是用活人殉葬的風俗，就變成了削木以像人，用木偶來代替。「偶」的字義，據《說文解字》上說：「偶，桐人也。」段玉裁注：「偶者，寓於木之人也。」現在我們把這種木偶叫作「俑」。「俑」，其實就是「偶」的假借字。

我們現在看到的木俑，發現於長沙的戰國時代楚墓中，眉目衣裳燦爛清新，恐怕就是「像人」明器的開始。明器除了「削木像人」以外，還有用陶土塑造的。這種器具，從可供死者享受使用的各種生活用具，房舍車馬，到小的器皿，應有盡有。這種風俗，在以人殉葬的時候就有，到了盛行用陶土塑俑的時候，其他的明器就更加多樣化了。《漢書·百官表》裡說，漢代有「東園匠令丞主作陵內器物」，說明統治者死後，還有專官來主持造作墓裡所需要的物品。後來厚葬的風氣流行，陶土燒製的明器種類更多了，在《後漢書·禮儀志》裡有詳細的記載。近幾十年來各地漢墓中所發現的器物，也證實了歷史記載的真實。把這些明器作為研究漢代社會情況的材料，實在是很豐富的（圖一）。

魏晉南北朝期間的明器，由於近二十年來紹興發現了許多西晉的墓葬，所以出土的物品很多，但人俑卻很少見，不像北朝魏墓中發現了許多的人俑，包括奴隸、衛士（圖二）、樂伎等。因為在那時候，北方盛行建造佛寺洞窟，石雕與泥塑的藝術突飛猛進，明器中的陶塑人像與獸類的塑造，受了這種影響，有了飛躍的進步。過去

漢代注重塑造生活用具的風氣，就轉變為注重按照生活的真實，來塑造人和動物。由於有了這種變化，經過了隋代一個短短的時期，到了唐代，在塑造各種人物和動物方面，例如狩獵、飼鳥、調鸚鵡、騎馬、奏樂、舞蹈、飛馳的馬、起運的駱駝等，題材更加豐富，生動的形象更加增加，因此唐代的明器，有了更進一步的成就。

取得這種成就的主要原因，是與唐代厚葬的風氣分不開的。同時唐代的政權機構，在門下省設置甄官署，是專門負責製造宗室陵墓所需要的明器的。而在《唐會要》、《唐六典》幾種書裡，都可以考出當時的喪葬風俗以及明器的數目，如作官到三品以上的九十件，五品以上七十件，九品以上四十件等。明文雖有定額，但未必能夠做到，葬儀的鋪張，竟至把所有的明器在入壙以前，抬著通行街衢，炫耀一時，奢侈糜費，真是達到了驚人的程度。

據古書的記載裡說，唐咸通十一年同昌公主舉行葬儀的時候，懿宗與淑妃曾經同到延興門觀看。明器之多，可以想見。當然其中盡多珍貴寶物，不會只是幾十件陶土所塑造的明器了。

除了當時明文規定的數目之外，在尺寸上，也有限制。例如四神的高度，原來規定不得高過數公分，人物的尺寸就更小一些。但是數十年來，在洛陽唐墓中出土的明器，如文吏、武士、駝馬以及鎮墓神之類（鎮墓神頭上有角，身上有翼，都是人面或獸面的怪物。也有塑造力士的足下踏著人畜的），高至一公尺以上的很多。即如過去北京大學收藏的唐代封泰墓出土的文武俑，高度便達到一公尺餘。而在唐代戴令言墓中出土的武俑，高過一公尺半，駱駝也高過一公尺。

圖二／北魏灰陶彩繪武士俑

戴令言的墓中有開元二年的明確記載，可見明文所限制的是一回事，實際應用時又是一回事。過去對於洛陽北邙山附近出土的陶俑，多得不可計數，認為不易理解，其實這是可以從當時盛行厚葬和奢侈成風來找到解釋的。但是唐代以後，各地墓葬中發現的明器，有了顯著的不同。例如南方江西、浙江等地宋元墓中瓷製的龍虎瓶、日月瓶之類，極為常見。明代墓中三件或五件的青花爐瓶之類的器具也很多，陶俑卻很少。過去在北京近郊與山西南部的明墓中，偶爾發現百餘件一組的陶俑，有轎子、轎夫、騎馬與儀仗俑等整套行列，都是陶胎上釉的物品（上海博物館藏有一組）。至於元墓中的人俑，更屬少見。大抵到了宋代，明器已多用紙代替[1]。《明史·禮志》裡更有明器如樂工、執儀仗、佐士、女使、門神、武士均以木造的規定[2]。一般喪葬，說不定就用紙紮的明器焚燒了事，這就是唐代以後陶製明器所以少有發現的主要原因。

二

關於明器的種類，自漢迄唐，漸次繁複起來，我們已經知道了。現在特別提出人俑以及幾種獸類的俑，作一些簡單的介紹。

漢代的人俑，有長衣覆地不露足部的，有的顯露兩足。服裝很寬大，袖手端立，這種樣子的俑較為常見（圖三）。也有的攤開雙手，或雙手作握物的姿勢。女的往往梳分頭，

圖三／西漢陶女立俑

圖四／西漢灰陶男立俑　　　　　　　　　　圖五／西漢灰陶女立俑

挽後髻，大抵都是奴僕。男的如掃地夫、牧羊人等，也都是奴僕。漢代的大官僚地主，豢養的奴僕，多至千百人，按照他們的想法，死後也要許多奴僕來服侍自己。漢代這種人俑，多是灰黑的泥胎，有的全身塗上白粉，眉目用墨畫成，上釉的極少（圖四、五）。舞俑有兩種，小的高僅數寸，揚袖舉足，與武梁祠畫像石中的舞蹈者的形象相似。大的高達尺餘，西安出土的這種俑有極好的，但很少見。另有施以黃釉，同時加畫朱彩的女俑，朱紅色的彩繪，襯上黃釉的長裙，黑髮挽長髻，色調非常燦爛。本書中這樣的女俑是最近西安紅慶村出土的。四川漢墓中出土的人俑，有撫琴、歌唱、奏樂等題材，造型比較河南陝西出土的俑稍大，塑造方法也有所不同。

　　陶製的馬俑，一般是紅泥胎，頭部是一段，軀幹是一段，缺少足部，與漢代木製的馬俑一樣。尺寸通常較大，頭部有畫彩。全身的馬俑，也與畫像磚上的馬相同。犬的式樣，

圖六 / 東漢陶臥犬

通常所見滿身綠釉是較大的，往往昂首豎耳，兩目炯炯，神態極好。有所謂「銀釉」的（河南靈寶出土），遍體是閃爍的銀白色，尤其好看。河南南陽出土的是蹲坐的姿勢，頭部仰起，雙目向前注視。而河南輝縣百泉區東漢墓葬中所出土的，有行走的，有停步而吠的，更是生動異常。可見漢代所塑造的獸俑（圖六），能與舞俑媲美，充分顯示了漢代人民高度的藝術創作才能。

圖七 / 北魏灰陶彩繪馬

圖八／北魏灰陶彩繪騎馬武士俑

　　北朝時期北魏的一般人俑，身體扁平細長，都是模製的明器，最近全國基本建設工程中出土文物展覽會上，陳列了西安草廠坡村北魏墓中出土的騎馬樂俑一群，並有其他陶俑，材料極為豐富。馬的塑造，屬於短小精悍一類，戰士與馬匹全部披甲，正與敦煌北魏壁畫所畫五百強盜故事中的甲馬相同（圖七至九）。南朝墓葬中出土的陶俑頗少，近年南京市丁甲山、趙士岡等處偶有發現。而幕府山出土的女俑，細腰圓臉，面目神情極為娟秀，與同一時代的北方女俑有所不同。

　　北周與北魏的塑造方法，大致相似。西安北周杜歡墓中出土的材料，是有代表性的作品。

圖九／北魏灰陶彩繪擊鼓騎馬儀仗俑

圖一○／隋紅陶黃綠釉宴樂女俑群

圖一一／隋白陶黃釉彩繪吹簫騎馬女俑

　　隋代的俑，除了文士奴僕以外，有長身細腰、拂袖緩步的上釉女舞俑，往往列隊成行，達二三十人之多，釉色是一般淡黃，衣裙作深赭色，也有間以綠釉的（圖一○、一一）。

　　唐代人俑與駝馬俑的塑造，可以說是精美卓絕，在藝術上達到極高的成就。唐代由於盛行厚葬，墓葬中需要明器的數量非常之多，因而各種新穎的形象層出不窮。就女俑來說，不僅有侍女，也有貴婦。服裝方面，有穿短衣、著披肩的；有束腰、短袖、袒胸、

圖一二／唐三彩持鳥女坐俑　　　　　　　　　　圖一三／唐三彩抱嬰女立俑

穿長衣的（圖一二）；又有窄袖、寬領、長衣拂地、腰帶下垂的。狩獵、騎行、奏樂、舞蹈的服裝，或者寬博，便於表現；或者緊束，利於行動。此外所表現的匆匆出外與閒適家居的，都各有不同的衣飾。至於頭髻的變化，本來在唐代的文獻裡，可以查到各種異樣的梳法，如所謂「半翻髻」、「百合髻」等。而在女俑的頭髻上面，極容易看到的，或許是一種「拋家髻」。《唐書・五行志》裡說到「京都婦人梳髮，以兩鬢抱面，狀若椎髻，時謂之拋家髻云」。這種式樣，還可以在敦煌唐代壁畫的太原都督夫人王氏供養像上找到參

圖一四／唐紅陶彩繪女立俑

圖一五／唐紅陶女立俑

考。這種兩鬢抱面的梳法，在陶俑中，有時人們稱為「胖姑娘」（圖一三至一五）。另有陶俑中較為尋常的，俗稱「丫叉頭」（圖一六），雙髻左右並起，向上高聳，這種樣式，可能就是唐玄宗時宮中所盛行的「雙鐶望仙髻」，至於高髻垂鬢，唐代詩人在作品中是常常提到的，而在女俑的頭上，也時常可以看見。此外，騎馬的女俑（圖一七、一八），在唐代極為普遍。關於婦女騎馬，在《隋書．煬帝紀》裡，已經有「上好以月夜，從宮女數千騎，遊西苑，作《清夜遊》曲於馬上奏之」的記載。到了唐代，歷史記載中有楊貴妃姊

圖一六／唐三彩女坐俑　　　　　　　　　　　圖一七／唐三彩抱犬騎馬俑

妹騎馬的故事，杜甫在他的詩裡所描寫的虢國夫人騎馬入宮，在那時候是人所共知的。因此開元天寶時期，女子騎馬之風極為流行。這一時期女騎俑的塑造，優美的作品也就特別多。除了普通的乘騎外，還有腰帶弓箭，從事狩獵，以及競賽、擊球等種種馬上的娛樂。唐代詩人就有描寫女子策馬飛馳，以致遺落了寶釵的寫實詩句。此外，女子騎駱駝的俑雖不常見，但卻是明器中特具風格的一種。

　　同時由於唐代中葉生產發展，國力強盛，藝術成就超過前代，因此音樂舞蹈，也有了很大的提高。樂工歌女，往往一隊的人數，多至數百，史籍上的記載歷歷可考。陶俑中多

圖一八／唐三彩騎馬女俑

圖一九／唐陶伎樂女俑群

有此種奏樂俑與舞俑（圖一九）。從這些陶俑，可以看出一些唐代音樂應用的樂器，以及舞蹈的服式與姿態，是極重要的歷史材料。

　　唐代的馬俑，普通可以見到的極多。有的高舉前蹄，有的昂首嘶鳴，有的平穩端立，大型而施以多種彩色色釉（通稱三彩與三彩加藍彩）的比較少（圖二〇至二二）。馬身上的鞍、韉、轡、鐙，色調都配合得非常調和美觀，有的還貼上金彩。馬的形象，是那樣雄

圖二〇／唐三彩馬

圖二一／唐三彩馬

圖二二／唐三彩馬

圖二三／唐三彩胡人背猴騎駱駝

偉，所謂「骨相異凡馬」，真是當時西域所產名駒的寫真。駱駝俑（圖二三至二五）有穩步向前的，有正要起身，開始踏上遙遠的征途的。上釉的駝身上，墊著花色氈毯，載著厚重的行囊。不上釉的，長長的頸項垂著柔和而紛披的毛，顯出了在荒寒的北國旅途上飽受風沙侵襲的情景。

圖二四 / 唐三彩駱駝

圖二五 / 唐灰陶彩繪駱駝

圖二六／五代陶十二生肖猴俑

　　五代的陶俑，一向沒有見於記載。自從發掘了南唐二陵以後，才看到了那一個時代的塑造藝術。男俑中有侍從的內臣、文吏、獻技的優伶和披甲持盾的武士。女俑中有侍女、宮嬪和舞姬。此外也有駝馬及人首魚身或者人首蛇身的怪物。男女俑的服裝，已與唐代迥異。而塑造的神情，也遠不如唐代的活潑生動。駝馬俑的塑造，尤其粗糙。但是在人俑方面，可以考見南唐時期的服式，與塑造上的手法，顯然與唐代的作風，有一脈相承的關係。所以這種陶俑在史料上也有重要價值（圖二六）。

　　宋代的俑很少（圖二七）。最近在四川廣漢宋墓中發現了一批上釉的陶俑，或許是成都琉璃窯的作品。種類相當多，有男僕，有持盒的侍女，有馬夫，有書生樣子的文人，有抬滑竿（就是用兩根竹竿裝成的坐轎）的勞動者，有衣冠楚楚側臥著的人物。此外還有鬼灶、四神等，製作雖不十分精美，但是表現了當時各個社會階層的生活面貌，所以也是珍貴的材料。

圖二八／元陶女立俑

　　元代的俑（圖二八），近來在基本建設工程中，發現了以往所未曾發現過的材料。它的特點是黑泥胎，不上釉。在濟南祝店工地所出土的俑，面貌服式，很像色目人；而在西安湖廣義園工地所出土的一批元俑，也是很少見的。

　　明代陶俑（圖二九、三〇）的整套儀仗行列，就是上文所提到的山西墓所出土的，釉色都是黃綠紫的三色釉，因此可能是晉南潞安（今長治）、澤州（今晉城）、蒲州（今永

濟）一帶當時琉璃窯的出品，行列裡的騎馬俑，有吹號角擊鼓的。其他皂隸一類的俑，頭戴高帽，腰間繫帶，著短靴，與清代城隍廟中塑製的皂隸一樣。這種成行的俑，出土並不多。至於整所房屋的明器，也是黃綠紫三色釉，完全是琉璃器，發現於晉南一帶。西安明墓中近年發現的人俑，有著喪服的。

圖二九／明代女立俑

圖三〇／明代男立俑

三

　　至於陶俑在中國雕塑史上的地位，以及它與陶瓷工藝的關係，這裡也提出一點看法。
自從佛教輸入中國以後，各處興建寺院，石雕泥塑與壁畫盛行，中國的陶塑也就隨著這個
趨勢而發展起來。可是以往除了陶製的明器以外，其他比較大型的實物是發現得很少的。
最近由於麥積山石窟的勘查，發現了在塵封已久的石窟裡，還保存著許多自北魏晚期以至

宋代的泥塑，泥塑和陶塑有相通的關係，因此，這是一個重要的發現。而以往幾十年來從古墓中陸續發現的許多精美的陶俑，也正是這一個時期的產物。所以這種陶俑的成就，是與當時整個雕塑藝術的發展分不開的。而在描寫生活的真實性上，陶俑更超過地面上廟宇中的佛教塑像。其次，從古代的文獻裡，我們知道，塑造與繪畫，到了唐代，有很密切的關係，這就是當時所謂畫塑兼工。例如大家所熟知的吳道子與楊惠之，都是畫壁畫的能手，同時也以塑像著名。正因為畫塑兼工的緣故，所以唐代的陶俑塑得是那樣傳神。陶俑的塑工，很可能同時也是畫工。因之，也可以說，這種陶俑的成就，是在當時畫塑兼工的情況下產生的。當時繪畫的趨勢，很重視描寫人像、風俗畫以至日常生活的片斷，關於這一點，從敦煌壁畫裡就可以找到許多材料。因此，當時的各種藝術描寫，都是要求真實。即如韓幹畫的馬，在他回答唐玄宗的問話時，就曾經說：「陛下內廄之馬，皆臣師也。」可見當時繪畫方面寫實的風氣是很普遍的。這也是為什麼唐代陶俑中的人像與駝馬，創作了許多新穎的作品的原因。而這種陶俑的成就，也就與當時繪畫的寫實風格是一致的。

從以上簡單的分析可以看出，自北朝以至唐代的陶俑，在中國雕塑藝術史上有重要的價值。地面上古代塑造作品的實物已經很少，而陶俑卻在地下埋藏了千餘年之久，不但很完整，而且數量極多。它的題材範圍，也能夠表現廣泛的生活。這些材料，補充了古代雕塑作品地上材料的不足，對於研究我國雕塑藝術的發展是一種非常重要的實證。

關於這種陶俑與陶瓷工藝的關係，首先值得注意的是它的彩繪。本來在陶器上加以彩繪的方法，自從上古時期的彩陶以後，早在戰國時代就開始了。可是對於人俑，一方面上了釉，另一方面還要加上彩繪，即如第四圖（《陶俑》書中第四圖。編者注）黃釉的長裙，朱彩的上衣，墨畫的垂髻，這種方法，不但增加色彩的感覺，同時也克服了當時上釉方法的限制。因為漢代陶器的釉色，還停留在低火候的階段，釉色以黃綠兩種色調為主，絕不可能有濃豔的朱色釉來與長裙上的黃釉相襯托，也不能用光亮如墨的黑釉來表現烏油油的頭髮。所以在上釉以外，還加上彩繪，這正是漢代陶俑製作方法上的一個進步，同時也說明了製陶技術的進步。這種方法，在唐代的人俑以及其他類型的明器上，還是被應用著的。唐代的俑，除了彩繪以外，還有少數貼金的，它使俑像顯得更加輝煌。因此也可以說，這種彩繪的方法，是後來釉上加彩的起源，所不同的，一是彩色描繪較易於脫落，一是加彩以後經火燒過，可以保持牢固。

其次值得注意的是唐代明器上的色釉。唐代的三彩，是在漢代的黃綠兩種色調以外，加上一種赤褐色（近於紫色），還有加上藍色的。因此陶器上的色彩燦爛，比起漢代，實在是提高了。這種色釉上的進步，對於唐代以後陶瓷器上應用多種多樣的色釉，有很大的啟發作用。

此外，我國古代的瓷器，現存的除了日常應用的器具以外，反映現實生活的作品，顯得很少。漢唐以來，陶俑塑造的方法，沒有能夠充分利用到瓷器的製作方面去，也是很可惜的。為此，今後的瓷器，要想塑製表現生活的題材，需要接受傳統，吸取經驗和尋找參考借鑒，那末古代陶俑留給我們的這一份極可貴的遺產，是值得認真加以研究學習的。

四

本書的材料，是就過去已經出土的一部分陶俑加以整理編成的，供今後研究陶俑作為資料之用。將來必然有許多新的材料陸續出土，更能豐富我們的認識，書中談到的一些問題，也不是肯定的論斷，只是提供一些研究資料。

書中的圖片，絕大部分照片的原物早已散失了。一小部分是包括全國各地四年多以來在基本建設工程中出土的材料，其中有些是1954年在北京舉行的基本建設工程中出土文物展覽會上的陳列品，有的是西安西北歷史博物館的收藏品。至於本書的編排，從戰國起至明代，大體可以看出在這樣一個悠久的時期，所產生的具有時代特徵的，不同典型的陶塑藝術，是如何豐富，以及它的變化發展與民族傳統的特點。其中的題材，雖然著重在人俑，其次是駝馬與少數的獸類，其他類型的明器，都沒有編入。而明器中主要的類型是人俑，以及唐代的駝馬，所以種類雖不完全，但從陶塑藝術的優秀成就來看，這幾十幅圖片，尚能概括地介紹它的主要面貌。

[1]　宋・趙彥衛：《雲麓漫鈔》：「古之明器……今以紙為之，謂之冥器。」

[2]　《敕葬常遇春給明器九十事》的諭旨中，有如上規定。

<h1 style="text-align:center">談邢越二窯及定窯</h1>

一　邢、越二窯

　　李唐一代的工藝美術，是有它偉大的成就。即以陶瓷來說，由陶而進展到瓷，唐代不僅是一個過渡時期，也可以說是完成時期。邢、越二窯，就是這個時期裡的產物。邢是白，越是青，北方之白與南方之青，就平分秋色似的代表著南北的兩個系統的作品。我現在先說邢窯。

　　邢窯之見於記載的，《新唐書・地理志》裡說：「河南府土貢埏埴盎罐，邢州巨鹿郡土貢磁器，越州會稽郡土貢磁器。」而李肇《國史補》裡，亦有：「凡貨賄之物侈於用者，不可勝記，絲布為衣，麻布為囊，氈帽為蓋，革皮為帶，內邱白瓷甌，端溪紫石硯，

圖一／唐邢窯執壺

天下無貴賤通用之。」是《新唐書》裡所說的邢越二窯，當時並貢於朝的；《國史補》，則證明了邢窯是在內邱的了。

同時李肇的《國史補》，是寫些開元、貞元間（713～804年）的見聞，來補國史之缺，這就說明邢瓷在開元、貞元間，已為天下無貴賤所通用的器物（圖一至四）。自然，它的創作時代，定在開元之前，也可以說就是在初唐，而盛行的時期則在中唐是可以肯定了的。《俑廬日記》裡，提到清光緒三十三年定州發現李基墓，墓中明器瓷坯堅固如石，釉色如玻璃，色白而不滯，略如定器，而墓誌年月，是咸亨六年四月（671年），那是初唐時期，其為邢瓷無疑。因為有唐一代文獻裡提到白瓷的，就是邢窯，而那時候還沒有定瓷，又是可以肯定了的。

嗣後大中初（847～859年，已在中唐之後），有一個郭道源的，善擊甌。文獻裡這樣說：「率以邢甌、越甌十二隻，旋加減水於其中，以筯擊之，其音妙於方響。」到了唐肅宗上元（761～762年）時，陸羽在他所著的《茶經》裡，把邢、越二窯所出的瓷碗品評了一下，就是說：「碗，越州上，鼎州次，婺州次，壽州次，岳州洪州次。或者以邢州處越州上，殊為不然。邢磁類銀，越磁類玉，邢不如越一也。邢磁類雪，越磁類冰，邢不如越二也。邢磁白而茶色丹，越磁青而茶色綠，邢不如越三也。……越州磁、岳州磁皆青，青則益茶，茶作白紅之色。邢州磁白，茶色紅，壽州磁黃，茶色紫，洪州磁褐，茶色

圖二／唐邢窯罐

黑，悉不宜茶。」可見當時邢、越二窯已經並重，絕不是天下無貴賤通用之內邱白瓷獨步的時代。而且陸羽還抑邢揚越，對於人們所稱讚的邢瓷，抱著不以為然的態度。懿宗咸通（861～873年）的時候，皮日休的詩裡，也有「邢客與越人，皆能造瓷器」之句，是邢與越在晚唐的時候依然是並重一時的兩種瓷器的證據。可是自此以去，就不再有人提及邢瓷，越瓷則徐寅、陸龜蒙輩，都有詩讚美。而越瓷到了五代，更是獨步一時。北方之邢，恐怕就在此時，暗淡下去。因此就會使人揣想到那時的邢窯工人，會在曲陽另燒白瓷，開創了定瓷，或許有相當理由。不過邢瓷早為社會所通用，又何致一蹶不振到此地步。我個人認為內邱窯的白瓷，即為民間所好，自會延續下去。只是自晚唐以至五代及北宋初期，幾成越瓷獨霸的局面，所以邢瓷就沒有什麼記載；卻不能說，就會黯淡到一點沒有前途。近三十年來，巨鹿出土的物品中，很多光素的白瓷，有的說是定瓷，有的說是北方影青。其實定瓷是有的，不成問題。因為大觀（巨鹿城在大觀二年為大水所淹沒）的時候，正是定瓷出品最優美的時期，而其他白瓷之並非定窯的製作，或是不近定瓷的作風，概以所謂北方影青目之，這是一種曲解，毫無根據的。此種物品的器形，並非一般的盤碗常品，頗多奇特的製作，如鴨座燈檯等。我以為或者就是五代以至北宋的邢瓷，這是很可能的。否則為什麼有這種優秀的作品，不能明確指出它的燒窯所在呢？此後如能找到邢窯地點，或者可以能解答此問題。

圖三／唐邢窯三足盤

圖四／唐邢窯鵝形爐

　　二十餘年前在印度勃拉名納巴特廢址裡，發現中國瓷片四片。其中兩片是邢瓷，一片是越瓷，一片是宋以後的作品。該城在西元7世紀時，最為繁榮，廢滅於1020年（宋真宗時）。在印度這樣一個僻遠的地方，而有邢瓷碎片的發現，實一極可注意的事情。

　　此外，在唐的時代，平定、平陽、霍州，均燒白器。平定窯又俗稱西窯，是否對於邢窯之在河北為東而言，亦是一個問題。

　　關於邢瓷的本質，可以一談的，就是它的胎土色白細潔，而極堅硬。釉白頗潤澤，有時微微閃黃，帶一點乳白色。胎與釉之間，有一層下釉，就是俗稱的護胎釉。它的製品，就現在所認為是邢瓷的，平底折邊（就是邊的外緣凸起一條邊沿，是別的瓷器上所不曾見到的）。胎厚重，平底處有沒釉的（圖五）。短嘴的把壺，純然的唐的作風。白釉很厚，有到底的，亦有不到底的。燒成火度，已達千度以上。觀察器形全面，令人有一種渾厚凝重的感覺，這與後來的定瓷，大不相同。並且，邢瓷的器物上，沒有一點花紋，質樸

圖五／唐邢窯玉璧底碗

素淨，正是唐代邢瓷的優點所在。它的燒造地點，說在內邱，可是在內邱縣境內，未能找到燒窯遺址。又說在臨城，最近在內邱、臨城的鄰接地帶，有一處地名磁窯溝，發現燒窯遺址。可是在一塊有明弘治七年及隆慶三年的窯神廟碑記裡，未曾提到唐代。所得碎片，亦非白瓷，不能證明為邢窯所在的地方。因此邢窯遺址，究在何處，尚須等待以後的發現（20世紀80年代，在河北臨城、內邱兩地先後發現了多處燒製白瓷的窯址，並發現大量標本，圖六，確定為邢窯遺址。編者注）。

圖六／唐白瓷碗標本（邢窯遺址出土）

其次我再談越窯。

　　越器的發現，是在抗日戰爭的前二三年間。當時杭州及紹興方面所發現的，多為晉的時期的作品，最後發現了三國孫吳時期的越器，為數亦屬不少。下面談談關於唐代的越器（圖七至一〇）。

圖七／唐越窯刻花缽

圖八／唐越窯葵瓣口碗

圖九／唐越窯墓誌罐（唐咸通七年）

圖一〇／唐越窯玉璧底碗（唐貞元十年）

唐代越器，見於唐代文人記載的甚多，為方便起見，列表如次（表一）：

表一　　唐代越瓷文獻表

姓　　名	提到越器的詞句	大概時期
顧　　況	「越泥似玉之甌」（《茶賦》）	肅宗至德進士，約757年前後
陸　　羽	《茶經》提到越器已見前文	肅宗上元間，約761年前後
孟　　郊	「越甌荷葉空」	德宗貞元進士，約755年前後
施肩吾	「越碗初盛蜀茗新」	憲宗元和進士，約806年前後
許　　渾	「越甌秋水澄」	文宗太和進士，約827年前後
皮日休	「邢客與越人，皆能造瓷器」	懿宗鹹通間，約861年前後
鄭　　穀	「茶新換越甌」	僖宗光啟進士，約886年前後
徐　　寅	有《貢余秘色茶盞》詩	昭宗乾亨進士，至五代初約894年前後
韓　　偓	「越甌犀液發茶香」	昭宗龍紀進士，至五代初約894年前後
陸龜蒙	「九秋風露越窯開，奪得千峰翠色來」	昭宗光化間，約899年前後

從這許多記載文字裡，我們知道差不多自中唐以後的越器，更為人們所重視。根據王仁裕著《開元天寶遺事》裡說：「內庫有青瓷酒杯，紋如亂絲，其薄如紙，以酒注之，溫溫然有氣相次如沸湯，名自暖杯。」以及徐寅的《貢余秘色茶盞》詩中：「陶成先得貢吾君……」之句，又明確地知道青瓷之在宮中應用的，已在唐玄宗的開元天寶時候（712～756年）；而到了徐寅那時候，已是晚唐的最後期。此種青瓷以及秘色茶盞，除了越窯以外，還有哪一種窯燒青色的物品呢？所以我說在這一段時期，宮上用此越器，民間又這樣地重視，那麼越窯之在當時，豈是所謂天下無貴賤通用之的邢瓷所能與之抗衡？不過在千載以下，要知道越器是怎樣一種製作，真是有「李唐越器人間無」之歎！而自宋至清代的著作中，都找不到有什麼人收藏著越器，或是看到過越器的記載。及至最近二十年來，發現了余姚的上林湖窯以後，於是對於五代錢氏所燒造貢宋的瓷器，能夠知道了它的真面目。只是李唐一代的越器，是怎樣的一種製作，還不能肯定下來，最後經過幾次的出土物品，才證實了唐代的越窯。

第一個發現，是有唐長慶三年（823年）年號的一塊墓誌銘，那是1934年在浙江慈溪縣鶴鳴場出土的。當時出土的情形不明了，所以墓中有無其他物品，那就不得而知了。這

塊墓誌銘，先到了杭州，隨後到了上海，賣給姓毛的，後來又聽說轉到一個廣東商人的手裡。原件全面作淡橄欖色青釉，略帶灰色而有氣泡，係半瓷胎質。銘文在釉下，刻陰文，首行是：「唐故彭城錢府君姚夫人墓誌並序」，文中的姚夫人，長慶二年死的，三年八月葬於上林東皋山之岡，這是一件有年代的青瓷墓誌，亦可以說是證實唐代越窯的第一個發現。不過這塊瓷版很粗劣，決不能代表唐代越窯的製作。

隨之而來的第二個發現，是在1936年紹興古城發現了一個唐戶部侍郎北海王府君夫人的墓。有一塊墓誌磚，磚上有唐元和五年（810年）年號。自墓中出土的瓷器有好幾件。青釉極光亮潤澤，壺及小水池的製作都很精美，這才是唐代越瓷的標準物品。我在當時曾經寫過一篇文章，中間有這麼幾句話：「就此僅有的寶物來研究當時造瓷的進展，就技巧上說，確乎已經到了成熟的時期。」[1]因此這個發現，對於唐代的越器究竟是怎樣的，有了一個明確的答案。

王墓中所見越器，並無花紋，後又在市場上見到碎片一塊，有「會昌七年（847年）改為大中元年三月十四日清明故記之耳」三行文字，是在釉裡的，有劃花，後來這塊碎片，到了上海估客手裡，竟復原了。同時我在杭州得到了一個小碗，碗心劃花，跟碎片的劃花，完全是一個作風，可以確定是同一時期的製作。所劃花紋，雖極簡單，可是開闢了以後五代越器上繁複花紋的途徑。這就是為什麼我有「吾們看到了永康太康壙裡的寶物，同時看看五代時候精美的作品，就曉得在這時期中形成了架橋樑的過渡產物，那就是現在元和壙裡所見到的物品」[2]這樣的說法了。

由於以上的發現，可以確實知道唐代越器的究竟。而此種瓷器之在國外發現它的碎片，就現在所知道的，有以下幾處：

埃及京城開羅南郊福斯塔特，是一個荒廢了的都城，在西元9世紀的時候，非常繁盛，到13世紀初葉，成為廢墟。三十年前有好些人在這廢墟上發掘得到碎瓷片很多，並且寫了好些報告，其中就有越器的碎片，為數也不少。此種越器之到埃及，正是該城繁盛的時期，也就是西元9世紀，正當晚唐的時候。當時越器是經由阿拉伯人、波斯人的關係，到達埃及的。

波斯沙麻拉遺跡於1910年及1913年間，經過了兩次發掘，發現了越窯的碎片，該地於838年（唐文宗開成三年）建築成一都市，僅僅五十年，就於883年（唐僖宗中和二年）時成為廢墟。越器就在那個時候，到了波斯各地方，因為那時候波斯灣是我國與波斯貿易上重要的港口，尤其是在西元9世紀中葉，阿拉伯商人跟我國貿易上的關係極為密切，東西交通，盛極一時，越器就大量地經由我國南部出口，到了波斯。由於以上兩處發現了越器的碎片，說明了唐代已與埃及、波斯間的往來，是一個極重要的資料。

印度勃拉・米納巴特遺址，發現青瓷碎片，亦經證明是越器。

　　以上所談的邢、越二窯，在完成中國瓷器的製作方面，有它重要的地位，何況由於邢、越二窯的發展，才開闢了宋代瓷器一個燦爛的局面，這一點，更是值得我們的注意。此外，在唐代的鼎州、婺州、岳州、壽州、洪州各地，所燒造的物品，是怎樣的器形與色釉，除了往年在長沙所出土的，似可確定為岳州窯外，其他地方所燒造的，此刻還不能確切地指明，這又需要等待以後窯址的發現了。

　　至於唐以前的越器，上面已經說過，從三國的孫吳以至兩晉，出土的寶物極多，尤其是塚墓中的明器，如：糧食罈，上面附有凸雕的亭台人物禽獸（圖一一）；五壺尊，是在

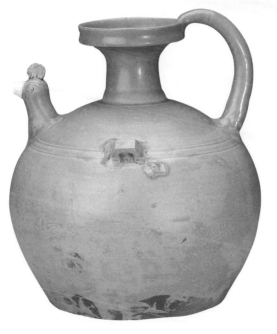

圖一二／東晉越窯雞首壺

尊的肩部上面附著四個小壺，連著尊的口是五個，所以名為五壺尊。洗的種類頗多，此外還有天雞壺（圖一二）、多孔雙耳罐、耳杯（圖一三）、獸盤、豬欄（圖一四）、狗圈（圖一五）、蛤蟆水丞（圖一六）等，種類真是繁多極了。窯址今人發現的，在蕭山有九

圖一三／東晉青釉耳杯盤（東晉永昌元年）

圖一四／東晉越窯豬欄（東晉永昌元年）

圖一五／西晉越窯狗圈（西晉元康四年）

岩窯，而我在蕭山方面發現的有王家漊窯，在紹興的有廟前窯，古窯庵前窯多處，因在越州區域以內，是以普通均稱越窯。

　　唐以後的越窯，一般是專指余姚的上林湖窯。自五代以至北宋初期，由於錢氏的割據東南，大量燒造進貢的物品[3]，因之越器的製作，比之唐代，有著顯著的進步（圖一七、

圖一七／五代越窯執壺（五代天福四年）

圖一八／五代越窯渣斗（五代天福四年）

一八）。同時開始了極繁複的圖案花紋，這是唐代所沒有的（圖一九至二二）。

　　因此在那時候的越器，是有著極高度的藝術。這就是為什麼越器之在今日有它極崇高地位的原故。及至吳越錢氏於太平興國三年舉地降宋以後，在文獻方面還能知道興國七年，尚有所謂殿前承旨監越州瓷窯趙仁濟的記事[4]；而《宋會要・食貨第六》「諸郡進

圖一九／五代越窯刻花執壺（五代天福七年）

圖二〇／五代越窯蟠龍紋罌（五代天福七年）

貢」條下也有「熙寧元年十二月，尚書戶部上諸道貢物……越州……秘色瓷器五十事」的一段記載（查1936年北平圖書館影印《宋會要輯稿・食貨六》未見此條，疑作者筆誤。編者注）。不過在這近百年間，太平興國元年（976年）——熙寧元年（1068年）的越器是怎樣的一種製作，並無實物可以證明。大約此後的上林湖窯，漸次走了下坡路，所以《六

圖二一／五代越窯鏤空香薰

研齋筆記》裡，說到南宋時余姚秘色瓷，粗樸而耐久，這是很值得注意的。另外，《余姚縣誌》裡說：「上林湖燒秘色磁器頗佳，宋時置官監窯焉，尋廢。今各邑亦俱有民窯，然所燒大率沙罐瓦尊之類，不出境，亦粗拙，不為佳器。」是上林湖窯最後的結果僅能燒些粗拙的東西，而十餘年前我去調查時，並此粗器亦已不再燒造，只見磚瓦窯幾處而已。

圖二二／唐至宋青瓷器標本（越窯遺址出土）

二 定 窯

定窯向來說在定州，但是究在定州何處，沒人能回答的，只是近人葉麟趾有以下一段記載：

定州窯在今河北曲陽縣。定州窯地址，考諸文獻所載，皆指為今之河北省定縣。然經實地調查，則絕無窯址可尋。當地之大白村，雖屬近似，亦無確實之證明。或謂自唐以來，所謂定州，非只限於今之保定與正定之間者，其地域較為廣大，即保定、正定、平定等處，亦皆包括在內，總名曰定州，故凡由此等地方所出窯器，均稱為定窯云。是說未免過於廣義者，因平定之窯，俗稱西窯，其器與所謂定器比較，顯有不同之點。且保定、正定，亦皆無相當之窯址也。曩者聞說曲陽產瓷，偶於當地之剪子

村發現古窯遺跡，並拾得白瓷破片，絕類定器，據土人云，昔之定窯，即在此處。又附近之仰泉村，亦為定器出產地，然已無窯跡矣，此說誠有相信之價值。且勞考地埋上之關係，則曲陽距定縣四十里，唐名恒陽，原屬定川，蓋所稱定川，乃指其人地名而言，非專指今之定縣。即如唐之邢州窯，在距今邢台縣約五十里之內邱縣，饒州窯在距今鄱陽縣即昔之饒州府約一百八十里之浮梁縣，是其最明顯之比例也。現今曲陽縣尚有製陶者，器雖粗糙，然確屬定窯之本派。或謂定窯廢滅於元末，蓋因當時已無優良之品，固無關於此後曲陽之製作也。

這是一個極重要的發現。同時檢查《曲陽縣志》，亦有以下記載：

澗磁村，縣北四十五里，東至北鎮里二里，西至韓家村五里，南至灰嶺村十里，北至樹溝村十里……[5]

澗磁嶺，採訪冊在縣北六十里。按嶺在龍泉鎮之北，西北靈山鎮十里，上多煤井，下為澗磁村，宋以上有磁窯，今廢。
龍泉鎮，今俗稱南北鎮，鎮舊有鎮使副磁窯稅使等官[6]。

土性：山嶺——縣境三面皆山，土石相間多不能種禾麥，尚宜樹木。露山一帶，惟出煤礦，龍泉鎮則宜瓷器，亦有出滑石者。
土產：黃瓷盆甕之屬，出恒水左右。白瓷龍泉鎮出，昔人所謂定瓷是也。亦有設色諸式，宋以前瓷窯尚多，後以兵燹廢。宜請求舊法，參以新式，以復其利[7]。

是《曲陽縣志》裡明明說有瓷窯，而且說及定瓷，並舊有瓷窯稅使等官，這是極重要的記載。抗戰期間，曲陽淪於敵區，當時日人小山富士夫曾經去過，並採取碎片極多。我於1951年間去該縣調查，目的是要採集些碎片，並確定它是否定窯遺址。

由定縣先到曲陽，再由曲陽去北鄉靈山鎮，往東是澗磁村，往西是東西燕山村。現在分別就調查所得述之如次：

1．澗磁村

即葉麟趾記載的剪子村，也就是縣志所稱的澗子裡、澗子村。從靈山鎮往東，經過王家村、崗北村，計七里。該村西南有一小溪流，南面是大溪（即恒水），旱季時，都是乾涸無水。大溪南是灰嶺，北是馬頭山。東去北鎮二里，過大溪後，就是南鎮，南北鎮合起

來就是志書上的龍泉鎮。

村直北，跨過幾處高地，是一個很大的土丘，高約8.9公尺，徑約30公尺，完全是碎片同工具所堆成的。土丘之東又一土丘，較小一點。由此往東，有一東西方向的地溝，兩邊儘是碎片。在此地區，假定它是第一區窯址。碎片中劃花的特多，素地的較少。胎骨潔白細膩，色釉潤澤、勻淨，是定窯標準的作品。碎片中得到一塊瓷枕的側面，這是很重要的，因為由此可以知道定窯的瓷枕是怎樣的一回事了。

村東約一里半路，快到北鎮了，田間有巨碑二，及白石獅子一對，即是法興寺的故址。寺毀於當時日敵的三光政策之下，已無一間房屋留存。附近雲龍碎片極多，去年還出過整器十件，都是劃龍的，其中有一件，盤底有「尚食局」三字。

村西約半里地，在山溪北面的高原上，碎片又是成丘的堆積著。此處除劃花外，印花的不少，是為第二區窯址，不過較之第一區範圍略小。

2．東西燕山村

兩村相連，西離靈山鎮八里，葉麟趾所未曾提及的，或即葉所稱仰泉村之誤。村西有一條溪河，村北鳳凰山，西北高峰是雞冠岩山。遠望東西燕山村，是在山坡上。碎片散在兩燕山村之北，兩燕山之間，及西燕山村之西，發現有印花、劃花及素地的三種，純係習見之定窯作風。在當地人家，見有印花雲龍盤殘片。村西地區，白釉不到底的粗瓷碎片不少，可見此處所燒造的，有粗細兩種不同的作品。另有玻璃塊隨處都可拾得，有黑色的，有暗藍色、暗綠色的，想亦為當年燒造過的東西。

西村之南，有近代式民窯一處，成立在「七七事變」以前，抗戰期間，機器被敵寇搬走了，窯場房屋全毀。勝利後恢復，燒造坩堝，極耐用，惜以技師他去，因而停頓。瓷土用本地北山所產，釉石在三十里外的山裡，用煤亦取之本地，燒瓷的一切條件俱極優越，如能開發，頗有前途。

就澗磁及東西燕山兩處比較來說，當然窯場區域，以澗磁為廣，在西燕山就差得遠了。作品方面，東西燕山優秀的也有，可是比較粗一點的都在東西燕山。工具中，獨多圓圈式的，大小不一，這是定窯覆燒用的工具，到處都是，可見當年生產能力之高。

此外在靈山鎮之東，約三里左右崗北村，現有窯二十八座，大都燒缸，也有幾處燒黑釉粗瓷的。《大明會典》（第一一冊第一九四卷工部一四）裡關於陶器部分，宣德年間題准光祿寺每年所需酒缸瓶罈，分派河南布政司方面，除鈞磁二州外，「真定府曲陽縣酒缸一一七隻，十瓶罈四二七四個，七瓶壇六一〇〇個，五瓶壇六二四〇個，酒瓶一〇三四一個，每年燒造解寺應用」。又嘉靖三十二年題准：「曲陽縣缸瓶共一七六五件，該銀一九九兩八錢八分，外增腳價銀一八五兩九錢九分三，總該銀一一四〇兩六銀五分八，

通行解部。召商代買，如遇缺乏，止行磁州真定燒造，免派鈞州……」此為曲陽在明代宣德年間只燒缸窯之證，而明代曲陽的缸窯是在靈山附近，大致也是不曾錯的。

就瓷窯所發現的遺品說（圖二二），可以確定此處為定窯遺址，毫無疑問，因為定器有它的特徵，如刻劃花紋的圖案，釉上所顯現的淚痕，以及細膩潔白的瓷胎等，都是很容易與其他仿定的瓷器區別的。

圖二三／宋至金瓷器標本（定窯遺址出土）

至於定窯的創始，是否在李唐時候，實在是一個不易解決的問題。可是在《曲陽縣志》一一記載著，王子山院和尚舍利塔記碑，說碑石在王子山（縣志裡說，王子山在澗磁嶺西北，下有王子山院）法興院之西數十步，額篆題「大周王子山禪院長老和尚舍利塔」。而在立碑人的姓名中，有「□□使押衙銀青光祿大夫檢校太子賓客兼殿中侍御史充龍泉鎮使鈐轄瓷窯商稅務使馮翱」的題名，而碑石是建立於大周顯德四年二月。那麼，在五代後周的時候，曲陽龍泉鎮已確有瓷窯，而且規模已是相當的大，出口又是相當的多，所以有瓷窯商稅務使，在龍泉鎮以監收稅銀，這就可以證明龍泉鎮在五代的時期中，已經燒造所謂定窯的瓷器；同時還可以證實一點，就是五代時期的定器，已經大量地生產了，那麼定器的技術，在那時候必定發展到了相當成熟的階段。因此曲陽龍泉鎮的瓷器，在唐時已經燒造，又是可以確信的事實（圖二四至二七）。而唐代所燒造的遺片，假定能夠發掘遺址，必能充分證實這一點（後經窯址調查和發掘，確定定窯在唐代已經能夠燒製精美

圖二四／晚唐定窯鳳首壺

的白瓷，編者註）。

　　定瓷到了北宋，已為宮廷中所應用，《宋會要》裡是這樣記載的：「磁器庫在建隆坊，掌受明、越、饒州、定州、青州白磁器及漆器以給用。……宋太宗淳化六年七月，詔揀出納磁器庫諸州磁器缺礨。」同時一方面供宮中應用，另一方面亦供應著社會上的需要。《曲陽縣志》有一段記載，說明這個事實。就是在天成元年（後唐明宗時，927年）鄉貢進士馬夔重修王子山院碑面的右側，有一個「販磁器客趙仙重修馬夔碑記」碑文行書，文云：「愚嘗謂此山乃境中絕勝之所也。然有記事之碑，經其雨雪，字體虧殘，愚雖不達，惻然憫之，於是請匠以重鐫之，庶後觀者得以（缺），時宋宣和二年（宋徽宗時，

圖二五／晚唐定窯塔式罐

1121年）庚子八月十五日中山府販磁器客趙仙重修記。」下題「院主僧智弁岳陽楊刊」。就這個史實可以知道當時的定瓷是有著廣大市場的。而《格古要論》裡，也提到「宋宣和政和間窯最好」，可見當時出品，最為優秀。同時在這樣大量生產之下，定會發生粗製濫造的弊病，因此可以說明東西燕山村所發現的遺片，為什麼會遠遜於澗磁村遺片的理由了。

同時並因定器有芒（疑是覆燒的毛邊），宮中改用汝瓷。不久有靖康之變，北方瓷場受到極大波動，燒定瓷的優秀工人，南遷到景德鎮，遂燒所謂影青的青白瓷，這是有一脈相承的事實，可以證明的。其次景德鎮居民的祖先，頗多是曲陽籍貫，也是一個很可以注意的事情。而北方的定瓷，就在這樣情況之下，衰落下來。不過定瓷的存續時間有多麼

圖二六 / 晚唐定窯執壺

圖二七 / 晚唐定窯印花魚紋海棠式杯

長，此時還未易肯定下來。

　　就定瓷的製作說，所謂劃花、刻花是模仿著越器的。因為唐至五代的越器，在國內有著極大的聲譽，定瓷之受到它的影響，可以想像而知。不過印花的方法，卻是定窯的獨創，即在越器中亦未曾見到此種製作。而定器的來源，或者是由製作邢瓷的工人，轉而在

圖二八／北宋定窯白釉印花雲龍紋盤

圖二九／北宋定窯刻花荷花紋碗

曲陽方面，開一新局面，亦有此種揣測，這是值得注意的事。至於定窯所製作的器具，以盤碗為最多（圖二八、二九），瓶壺為最少（圖三〇）。瓷胎潔白，色釉微帶黃而潤澤異常。印花的圖案，編排配置，極為整齊。大盤的盤心用蓮花鯉魚為圖案的較多，四圍多以牡丹、萱草、飛鳳為圖案。劃花的花紋，自由放縱，跟印花的大小相同（圖三一）。刻花

圖三〇／北宋定窯刻花執壺

圖三一／北宋後期至金代印花花卉紋盤標本（定窯遺址出土）

的剛勁有力，要以刻蓮花瓣的算是典型（圖三二）。瓷枕極少見。故宮博物院藏有一件，以孩兒側臥的姿態作為枕面的長方枕，雕刻最精，是定瓷中極為少見的（見《中國歷代燒造瓷器的成就與特點》圖一二）。定瓷中還有如蘇東坡詩中所讚美的「定州花瓷琢紅玉」的紅定。周輝的《清波雜志》、蔣祈的《陶記略》都有記載。究竟是怎樣一種作品，至今還是疑問。墨定在項子京《歷代名瓷圖譜》中，曾經說到，僅見一種，就是一件墨定梟尊，在明代已成為稀有的珍品了。惟近來出土的黑釉碎片（圖三三），真如漆黑，胎質器形，都是定的作風，是否就是黑定，亦屬疑問。紫定，項譜中有五件，說明釉色是「爛紫

圖三三／北宋黑釉器標本（定窯遺址出土）

圖三四／北宋定窯醬釉描金折枝牡丹紋斗笠碗

晶澈，如熟葡萄，璀璨可愛」。又說：「汋色紫若茄苞，晶瑩潤澈」云云。是紫定色釉的
紫，如葡萄，又如紫茄，決不是普通人所指的紫定了。《格古要論》中說到定器，亦以紫
定色紫，黑定黑如漆，價高於白定云云。此外，定瓷中還有畫金花的（圖三四）。南宋末
周密的《志雅堂雜抄》中說：「金花定碗，用大蒜汁調金描畫，然後再入窯燒，永不復
脫。」徐兢的《宣和奉使高麗圖經》中，亦有「金花烏盞，翡色小甌，銀爐湯彝，皆竊效
中國制度」的說法，是墨定上有金花之證。而東坡詩中所謂「定州花瓷琢紅玉」又是說明
紅定上是有金花的。抗戰前，據聞出土過幾件金花的定碗，可惜都流落到海外去了。

　　南渡後，各處仿燒定窯的不少，見之記載的，如昌南（景德鎮）仿定，亦名粉定。元
時彭窯仿定器，土脈細白，與定相似，稱為新定。象山窯（浙江象山縣）所燒的似定器，

磁州白釉器，無淚痕，亦有劃花、印花及素瓷諸種，價高於定。蕭窯（江蘇徐州蕭縣白土鎮）燒白釉器，胎質頗薄。宿州專仿定器，釉色酷似北定。臨川窯（江西臨川）胎薄，白釉微帶黃色。南豐窯（江西南豐縣）胎雖厚，白瓷跟臨川相近。德化窯（福建德化）稱為白建。耀窯（陝西耀縣）白似牛乳，似粉汁，似熟米，薄胎，有暗花，白釉極厚。有開片，胎比定厚，色白比之定瓷稍黃，因有暗花及開片，所以跟定瓷有區別。饒州窯體薄，釉潤，色白，但是不及定器。此外，吉州、泗州、宣州各窯，均是仿造定器的。究竟怎樣可以區別各處所燒造的仿定瓷器，必須在各地找得窯址後，才能解決這些問題。

[1]、[2]　見《瓷器與浙江》書中《唐代越器專集》引言。

[3]　詳見《十國春秋》、《宋會要》、《宋史》、《吳越備史補遺》、《宋兩朝供奉錄》、《楓窗小牘》諸書，以及我著的《瓷器與浙江》。

[4]　宋·周密：《志雅堂雜抄》。

[5]　《曲陽縣志》卷一下《輿地》。

[6]　《曲陽縣志》卷六《山川古跡考》。

[7]　《曲陽縣志》卷一〇、卷一一《土宜物產考》第六條。

談當陽峪窯

當陽峪，是一個屬於河南修武縣的小村落。它在焦作東北。自焦作去，經過東焦作岡義村，才進山口，上坡，計程12里。此處有宋代的瓷窯，向來是不見於縣志或是其他記載[1]，二十餘年前在河北一帶搜購古物的商人，不斷地把碎片運到了北京，從那時候起，北京方面才知道了當陽峪窯。可是到今天想要見到幾件真實的物品，極不容易，因為有好些寶貴的材料，都到國外去了。

我於1951年去過當陽峪，我首先要介紹的是在當地一座破敗不堪的窯神廟裡，有一塊崇寧四年的碑記。原石現在廟外壁間，已斷裂為二，名稱是「懷州修武縣當陽村土山德應侯百靈廟記」。碑文後，附了一篇「江南提舉程公（程筠，號葆光子）作歌並序」。碑文下面，附刊了許多立碑人的姓名。碑記上有兩個年號：

元符三年（1100年）七月十五日蓋廟畢。

大宋崇寧四年（1105年）歲次乙酉閏二月十五日建。

碑文剝落地方已不少。碑文中有關陶瓷的部分是：

「造範砝器，乃其始耀郡立祠……」，「遂斸日發徒，遠邁耀地，觀其位貌，繪其神儀，而立廟像於茲焉……」《耀州志》卷二《地理》載：「黃堡鎮……鎮故有陶場，居人建紫極宮，祀其土神。宋熙寧中，知州閻作奏以鎮土山神封德應侯，以陶冶著靈應故也。祀以晉人柏林配享，林蓋傳居人陶術者。今其地不陶。……陳爐復廟祀德應侯，如黃堡云。」於此可見碑文中所稱耀郡，系指現在陝西的耀縣，因為當年耀州所祀的，就是德應侯，當陽峪是繼耀州之後，立祀土神的。不過耀州造瓷技術，究竟影響了當陽些什麼？為什麼當陽的立祠，要派人遠去耀州？當時耀州的造瓷有了怎樣的成就？這些問題，都需

要進一步調查當年耀州的造瓷情形，才能明瞭。1923年德國萊比錫所出版的《中國早期陶瓷》書中，第二十三圖ａ，有一短頸小口的劃花梅瓶，白花劃著黑的線條，第三十三圖ｂ，一個罐，灰地上凸雕著黃色的花紋，都是剔劃的做法，出處說是從耀州來的，所以標注為疑是耀州窯。倘使宋代耀州作品，果有所謂剔劃方法，那就是耀州的造瓷技術，或許有影響當陽峪的可能。

「世利茲器，埏埴者百餘家，資養者萬餘口……」所謂「世利茲器」，是說明在立祠以前，早經燒造瓷器，耀州之立祠在熙寧年間（1068～1077年），那末當陽之造瓷，當然不會晚於熙寧年間的了；當年當陽瓷窯百餘，賴以生活的萬餘口，窯場的範圍，差不多就等於現在磁縣的彭城鎮。

其次碑文後，所附的程公作歌並序（不知道是否同時所刊還是以後增刻的），文中有：

「當陽銅藥真奇器，巧匠陶鈞尤精至。」「□□□□在紅爐，三日不餘方可熱。開時光彩□奇異，銅色如朱白如玉……」可見當年當陽造瓷技術，已極精巧；不過紅如朱的色釉，是怎樣一種作品？同時已提到銅藥，都是值得此後注意的。

「河朔江南事一同，故鄉遠在鄱君國。鄱君之國善陶冶，運以□□遍天下……」這是指的景德鎮的陶冶，如其作歌刊石的時間，與碑記同時的話，那是一個重要的記載。

從這一碑記，並證之其他材料，當陽峪瓷器的燒造，至晚是在熙寧年間，而瓷業之盛，是在元符崇寧之間。至耀州，已於熙寧年間立祠了。同時我們明瞭定窯，以政和宣和間燒造的為最好。而宮中命汝州燒造青瓷的時間，是從哲宗元祐元年到崇寧四年（1068

年）到宣和四年（1125年），在此五十七年間，當陽峪與耀州兩處的民間窰，非常發達。
定器汝瓷，也正是發展到了最高點，因此也可以說，北方瓷器，要以這個時期為最盛。可
惜靖康之變，中原沸騰，自然在此地區的窰場，會受到極大的騷動，就結束了北方瓷器輝
煌燦爛的黃金時代。

其次所要談的，是當陽峪的作品。就質地說，有極細潔的白胎，有極堅硬的灰胎，也
有較為鬆粗的沙胎以及缸瓦胎。就釉色說，光潤顯亮，是別的地方所不及的。就製作說，
有種種不同的方法，有刻花的，有半畫半刻的，有填彩的，有三彩的，有絞胎的等（圖
一、二），自有它的獨到之處。其中最重要的一種製作，亦可以說是獨樹一幟的做法，那

圖一／宋絞胎器蓋標本（當陽峪窰遺址出土）

圖二／宋當陽峪絞胎罐

圖三／宋當陽峪窯剔花瓶

圖四／宋白釉剔花瓶標本（當陽峪窯遺址出土）

就是刻劃花紋。經過一層上面淡或深的釉，下面胎身上是一層較深的或是較淡的，然後把
上面花紋以外不需要的部分，巧妙地剔去，使得燒成以後的作品，有著兩種色澤，顯現著
強烈對比的色調（圖三至六）。詳細分析起來，可以有以下幾種方法：

圖五／宋白釉剔花罐標本（當陽峪窯遺址出土）

圖六／宋白釉剔花器標本（當陽峪窯遺址出土）

　　1．胎上施以純白色的釉以後，劃上花紋，沒有花紋處，把白色部分剔去。這樣燒成後，花紋是白色的，地是原來胎的本色——灰色，這就顯出了白與灰兩種相對照的色調。

　　2．如胎上所施的白色，代以黑色或褐色，那末照第一方法處理結果，是在灰色的地上，顯出黑或褐色的花紋。

3．胎上先施白色，再加黑色，然後畫花紋。畫好了，用尖銳的器件，按照所畫的輪廓剔去沒有花紋地方的黑色，就露出底下的白色部分（圖七）。同時在花紋上，可以刻劃出葉筋、花蕊，以及花瓣與花瓣間的間隔。這樣，花葉是黑色，而葉筋、花蕊以及花瓣間的間隔，顯出白色的線條。此種剔劃出來的花紋，特別顯示著不是用筆墨所能描畫出來的一種藝術上獨具的風格。同樣地加以胎上所施的白釉，代以綠釉，那就是一般所稱的綠地宋瓷。代以黑色或赭色的，而加白色，自然地是黑色或赭色，而花紋是白色的了。假使剔去的時候，剔到胎土的灰色部分，如此灰色的地，白色的花紋，而有黑色或赭色的輪廓，這樣處理，就技巧上說，是毫無疑義的更進一步了。

圖七／宋黑釉剔花瓶標本（當陽峪窯遺址出土）

4．最複雜的一種是用多種色釉的剔劃法。首先在胎上先施黑色；其次加上白色；再次在白色上罩以黃色；最後一層是綠色。各種色釉塗上以後，用尖銳的器件，刻劃出花紋，需要的深度，是到達最低一層的黑色部分，換言之，也就是需要黑色的輪廓；然後在花紋上剔去黃綠兩色，就顯出白色的部分，地上那一部分需要綠色，可以保留那一部分，需要黃色的，也就把綠色的部分剔去好了。自然，這樣處理，更需要高度的技巧。

此種作品，我擬稱它為剔劃法[2]。所劃的花紋，以纏枝牡丹為多，極飄灑活潑之致。劃花之外，還有在白釉地上，先刻花紋，去掉不需要的部分，填以別種彩色，如黑色，茶色，蟹青色等，這叫做刻花填色。因此嚴格地說，這不是剔劃法，而是刻填法。凡是以上的作品，在西洋瓷器圖錄裡，均稱為磁州窯，或是磁州型的瓷器，沒有人提及它是當陽峪窯。至於別的地方，有無此種技巧，據我所瞭解的，如觀台窯（屬安陽，跟磁縣僅隔

一漳河）也有此種做法。可是細細分析一下，確有與當陽不同之處。觀台的花紋，不如當陽的流利，色澤亦遠不如當陽的光潤。可見技巧方面，觀台遠落在當陽之後。究竟此種特殊做法，是怎樣創作起來的，我覺得這是一個極重要的問題。英國人毆慕弗波洛司《瓷器圖譜》裡有兩件剔劃的作品，時代說是唐。是否唐代已有此種作風？同時唐代燒造此種剔劃製作的地點，是在哪裡？都成問題了。不過無論如何，當陽峪窯在剔劃方法的製作上，是達到了最成功的一個階段，那是不必再有什麼懷疑的。我不僅是驚歎我國古代人民的創造智慧，我更深信古代民間窯的卓越成就，實在有發掘的必要。而此種特殊的做法，更應當進一步的研究，使能應用到現代造瓷技巧方面上去。同時我又覺此種方法，是否摹仿雕漆，也是一個可以注意的問題。

總之，當陽峪窯的作品，向來是不為人們所重視的，因之如此一個重要窯場，是被忽略了。我以為在黃河以北的宋瓷，除了曲陽之定，臨汝之汝以外，沒有一處足與當陽相媲美。磁州的冶子窯以及安陽的觀台窯（在漳河兩岸）終遜當陽一籌。而一切文獻所列舉的磁州窯或是磁州型的瓷器，毫無疑問的有一部分是屬於當陽峪，也就是說，磁州窯的榮譽，應該有一部分歸於當陽峪窯。

[1]　《英國不列顛博物院季刊》1933～1935年合訂本第8卷第70頁提到當陽峪窯；英國出版的《東方美術》1948年第1冊中亦有一篇文字，提及焦作的宋代窯址。

[2]　日本人稱它搔落法，外文書上叫做 Sgraffiato 或 Sgraf fits 法。

從幾件瓷造像談到廣東潮州窯

一

　　數年前看到第五卷第一期的《嶺南學報》上有道在瓦齋所寫的《談瓷別錄》，講到四尊瓷造像都有造像的年月、工匠的姓名，以及明白指出燒造的地點是「潮州水東中窯甲」。1922年，由於當時軍閥內戰，挖掘戰壕，在潮州城外西南約10里，地名羊皮崗的地下一個小石室中出土的四尊造像，之外還有一件完整的滿雕蓮花瓣的香爐。造像之一的頭部已斷，二尊斷手，一件完好無損。造像均作趺坐式，披袈裟，衣的下身，下垂座台前方。遍刻銘文於高臺的三面或四面。造像中的兩尊作說法手勢，兩尊籠手袖中（圖一、二）。像的冠發、眉眼、鬚鬢，均描青料作黑褐色。器胎瑩白，釉呈卵青色，在北宋定與

景德鎮之間。香爐的積釉處,如淡青葡萄色。大概所記載的如此。造像身上的銘文分別是:

　　潮州水東中窯甲弟子劉扶同妻陳氏十五娘發心塑釋迦牟尼佛永充供養為父劉用母李二十娘闔家男女乞保平安治平四年丁未歲九月卅日題匠人周明

　　潮州水東中窯甲弟子劉扶同妻陳氏十五娘發心塑釋迦牟尼佛永充散施供養為父劉用及闔家男女乞保平安熙寧元年戊申五月廿四日題匠人周明

　　潮州水東中窯甲弟子劉扶同妻陳十五娘發心塑佛散施永充供養為在堂父母及闔家男女乞保平安熙寧元年戊申歲六月十三日題匠人周明

　　潮州水東中窯甲女弟子陳十五娘同男劉育發心塑造釋迦牟尼佛散施永充供養奉為亡夫劉第七郎早超生界延願闔家男女乞保平安熙寧二年己酉當正月十八日題匠人周明

就銘記的文字歸納為以下三點:

1・治平四年(1067年)一件,熙寧三件,其中元年(1068年)的兩件,二年(1069年)的一件。

2・造像人劉扶同妻陳十五娘的三

圖一／北宋潮州窯青白釉釋迦牟尼像

圖二／北宋潮州窯白釉釋迦牟尼像

件，陳十五娘同男劉育的一件。

3・治平四年九月的銘文，十一行，四面刻滿計六十三字，文字雖注釉下，但刻較深，可拓。熙寧元年五月的銘文，十行，刻三面計六十一字，刻細淺，不能拓。熙寧元年六月的銘文，九行，刻三面計五十八字，不能拓。熙寧二年正月的銘文，十三行，四面刻滿，計七十二字，不能拓。

這是四件有年月、窯地及工匠姓名的瓷造像，非常重要，其中尤值得注意的是，它們為北宋中期稍後一個時期裡的產品。

二

事情真會這樣巧，不久就得到了商承祚先生的函告，說四尊造像以及香爐一件均在廣東文管會中（圖三）。同時又得到他同顧鐵符先生的消息，說在潮州東門外，過了湘子橋的韓山上，碎瓷片整整的蓋滿了那裡的山頭，要我去做一番調查工作，我就欣然與同伴數人乘車南下，先去廣東文管會看了這幾件所謂北宋潮州窯的作品。

本來廣東的窯場，不只陽江與石灣。一般人只知道所謂廣窯就是指這兩處而言。其實不然，在程哲所寫的《窯器說》裡就有「廣東窯出潮州府・其器與饒器類」之說，何況最近在廣州市西村皇帝崗發現了窯址，自然廣東的窯場只有陽江與石灣的說法就站不住了。不

圖三／北宋潮州窯青白釉蓮瓣紋爐

過文獻雖有記載，究竟潮州窯的真面目是怎樣的，誰都難以肯定。而這幾件造像卻給了我們一個北宋時期潮州窯的鐵證。

我於是離開了廣州，到潮州去。我去的目的：

第一，要證明所謂潮州水東窯，是否就是現在發現韓山上的碎片所在？

第二，韓山上的碎瓷片，還有哪幾種？

三

事先找了找參考資料，當然《潮州府志》（乾隆本）是要緊的。關於韓山的說明是：「韓山亦名雙旌⋯⋯頂有三峰，形類筆架，又名筆架山。韓昌黎刺潮州常遊覽於此，故名韓山。」東門外橫跨韓江上的橋，初名濟川，後改廣濟。

卷一三《都圖下》：東廂有南窯一個地名，下注「城東南畔距城五里」。

卷一七《塋墓下》：明長史莊典墓在韓山東白瓷窯山，明南靖知事郭大鯤墓在郡城筆架山白瓷窯（雍正本《海陽縣志》缺此條）。

從這些片斷的記載，確實知道了韓山有白瓷窯。山的南面，還有南窯。

到了潮州，出東門就可見到一排山，峙立在韓江的東峰。山的形勢是有幾個山峰，從北往南，真的類似筆架。因而從方位說，這個韓山上的白瓷窯，正在韓江東峰，而造像銘上所謂潮州水東的「水東」二字，明明指的韓江之東，毫無疑問，所謂中窯甲者，從志書

上有南窯這個地名看來，那麼水東窯的範圍是非常廣闊的，因此有了中窯，是對南窯而言，也就可見一定還有北窯。由於窯場的自北而南，距離相當長，才有南、中窯之別，於此可以推測當時中窯甲的方位，一定在韓山的中部，距離現在的湘子橋當不甚遠。

東岸沿江有些市房，現名橋東村。從小巷里走近山麓，見有許多劫後的斷垣殘壁，說是抗日戰爭期間被日本侵略軍所毀壞的。從破牆的斷面看來，都是利用廢棄的匣缽所砌成，因而這個市區的廢墟上，也儘是些殘破的匣缽。及至由山麓漸漸升高上坡，到處都是碎片。南面一直要到原來教會所建築的洋樓以下（本地俗稱番仔樓），就是書上所稱的轅虎山，北面是從象鼻山起，越過山上原有的韓山書院房屋，而在現今的韓山師範學校附小校舍的後面，碎片最多。如此從北到南的距離，約有四、五里長。以往在山麓一帶地方，就叫百窯村，是屬於府城外的東關廂。

四

碎片第一著眼處當然要聯繫到幾尊造像以及一件香爐，是否就是此處廢窯所產，這個問題在我調查的時候就很容易解決了，因為遍地的碎瓷片裡，像那造像的影青為獨多，而香爐的蓮花瓣造型也撿拾得很不少。此種蓮花瓣的雕刻手法極生辣，因此花瓣邊緣的棱角非常銳利。胎厚堅結如石，這就是有些瓷器書上所稱的石器或是炻器（Stoneware）的最好標本。胎土較白，釉的水青色深淺不一，有作淺糙米色而隱隱有青色的，有極細的紋片。此種器物，一般都有端正凝重之感。造型大概為有高低座的爐碗之類，相當大而沒有小型的。

從以上韓山與水東窯的方位以及碎片的對證，此處的廢窯，確實為造像銘上所謂潮州的水東窯。第一個來潮調查的目的解決了。

第二個將怎樣呢？我與同伴數人南北躑躅於韓山上幾個筆架山峰之間，儘量撿拾碎片，收穫極豐富。碎片的分類大概如次：

（一）白釉

1．器物外面劃刻箆形紋，有極細紋片，以洗碗為多。

2．帶淡黃色（牙白），碗心劃花卉，平底，外面有壓痕。胎較薄的以小型的碗及高足杯為多，釉不到底。圈足狹邊的平底，無細紋。

（二）影青

除上述的凸雕蓮花瓣的造型外，還有：

1・淡淡的水青色極勻，劃刻蕉葉紋樣的花紋，也有在碗心劃刻花朵的，器身有紋片。

2・器物外面劃刻箆形紋一如白釉的製作，亦有細紋片。

3・帶灰的水青色，碗外劃刻花卉，有瓜形盒殘片。

4・劃刻花瓣紋的較小型器物，積釉處是湖綠色，有紋。

5・敞口長頸（俗稱喇叭口）的大壺，僅有殘破的上部，壺身上的長嘴及高柄甚多，有雙繫壺的造型。

（三）黃釉

露胎處多，似為一種較粗的製作，而形象較淺的小碗，色澤有深淺兩種，深者頗近赭褐色。

（四）青釉

1・淡青色，劃葉紋，起線，釉較薄，無紋，亦有劃花而胎較厚的。

2・淡灰色，僅邊緣裡外面一寸處有釉，餘均露胎，胎土灰色，似為當時一種粗貨；亦有高足小杯製作與白釉的同。

3・深灰青，碗的外面劃刻蓮花瓣的，胎較厚，而無花紋。

從以上各種碎片看來，均屬於宋代的作品，種類方面雖亦有青釉、黃釉等，但以白釉及影青兩種為主。大概水東窯的作品就是這樣的。

五

我於此次調查水東窯之便，又從文化館柯鴻才同志方面得到潮州郊外還有發現碎瓷片之處，調查所得材料，亦可分述如下：

（一）南郊

1954年5月間為培修潮州韓江南堤起見，即在南門外南廂洪處埠取土，發現碎瓷片及匣缽頗多，但是沒被人們關注，因此就把該地挖成一個很大的凹塘。後又在北面約五百步外的竹園內取土，又發現很多的碎瓷片。洪處埠原為建於宋紹興年間的南山寺，而竹園地方那是元至元年間所建立的寶積寺廢址。該處碎片的種類極蕪雜：

1・黃釉的中型碗外面作箆形紋，有高足。淺淺而敞口的小碗，釉不到底，足小而平。

2・黑釉碗的造型淺而敞口的一如黃釉的作品，碗的口邊施以白釉，裡寬外狹。

3·白釉的近似韓山白瓷窰的製作，但又有素白微帶灰色，胎較厚，無細紋，有鳳頭壺的頭部殘片。

4·青釉有一種較淡，但極勻淨，器外劃刻蓮花瓣，有高足，釉到足邊，底心無釉。色釉較深的一種，胎較厚，器外劃直線紋。盤心有雙魚的仿龍泉盤，但釉不勻而胎土灰色。厚胎平底的盤碗，也有作向外翻的淺足而底心仍是平的。此種器物的釉都為一般所稱的玻璃釉。

（二）西郊

潮州郊外西北約五里有鳳山村，此處發現碎瓷片及匣缽，但不甚多。

（三）北郊

潮州北關外約一里處、二里外地名窰上埠以及毛家墳附近曾經發現過陶瓷碎片。1954年2月間培修北堤的工程開始時，便在這些地方取土，除發現碎陶瓷片外，還撿得有皇祐二年及治平丁未年文字的壓錘（現存潮州市文化館），這就說明了此處的燒窰時代。聽說許多碎瓷片都埋在引韓灌漑的工程以下。

在此三處之中，南郊的碎瓷片最值得注意：

1·黑釉的以及仿龍泉的青釉器物，因為材料不太多，是否為潮州燒造，是一個問題。

2·早期青釉中帶黃的玻璃釉器物，在文化館裡現存有完整的十餘件，破碎的亦有相當的數量。造型方面有雙繫蓋罐，兩耳爐，大型的壺，中型的洗，都是厚胎平底，器物的外面間有壓痕。此種唐代的青釉器物，是否為潮州燒造，還是當地墓中的明器，因為出土情況不明了，也是一個待考的問題。

此外耳聞所及的說在韓山後面的飛天燕山地方，出產極好的瓷土，現在楓溪窰所用的原料，就取於此。離潮州市約十多里韓江下游的溪口村，離筆架山約10里的黃金塘村，遠在離潮州40里外的白水村，屬於潮安縣7區的銀湖村以及13區的碗窰村等處都有碎瓷片發現，可見潮州市附郭並其他地方盡多古代窰址的存在，調查工作，還有待努力。至於此次由於幾尊造像而涉及潮州水東窰的初步調查，至此告一結束。將來如能有一個正式發掘韓山古窰的機會，當能獲得更具體的材料，那是一定可以預料到的。

宋代陶枕和它的美術價值

　　三十餘年以前，河北巨鹿發掘出許多宋瓷，其中有一部分是陶枕（實際是半陶半瓷，今簡稱為陶，因此書中也就稱為「陶枕」），此後河南安陽城外高崗花台發現的也不少。根據前河北天津第一博物院出版的該院半月刊第六期「宋劃花枕」拓片的說明，證實它是宋代人民生活中的用具。

　　前人輒以此枕為殉葬物。自巨鹿舊城發現後，掘出甚多，均在當時住室內。本院尚藏一枕，其底部有墨書「新婚」等字，可知不獨非葬器，當時是用為奩妝品。或稱此種枕面巨足細，不適於用。然據巨鹿人云，所掘舊城房舍室中，多有如今北方之炕。炕之外緣以木為之，高於炕面。枕時必須以枕足之後部抵於木緣，則枕可穩，不

致向後方左右傾斜，其說頗可信。總之殉葬之說，可知其謬矣。

《巨鹿宋器叢談》中也說：

> 巨鹿發現此物甚多，發現時有平置者，有立置者，可見當時於枕，用則平置，不用則立置之習慣。……第一枕足底題「崇寧二年新婚」六字及「亞出」，其為館甥之器勿疑。昔時以瓷枕為殉葬之具，觀此可知其非矣。第二枕形式同，底題「程三」兩大字。旁又有「程小」兩小字，知為程氏父子寢具也。

在巨鹿發掘的時候，同時掘出一家瓷器鋪，也有許多陶枕，這都可以證明它的確是一種生活用具。直到現在，這種陶枕有的地方還在使用，這也是有力的旁證。

後來發現有寫著「長命枕」的陶枕，更可以證明它是小孩子用的寢具，與後來寫著「長命富貴」四字的瓷碗用意相同。此外，《唐書・五行志》說：

> 韋后妹七姨嫁將軍馮太和，為豹頭枕以辟邪，白澤枕以辟魅，伏熊枕以宜男，亦服妖也。

說明唐代製作這些獸頭陶枕，用意還在於辟邪、辟魅、宜男、伏妖。而此種陶枕，在河南洛陽的塚墓間，也曾經發現過。最近看到印有「張家造」圖章的跑獸枕，枕面有「鎮宅大吉」四字；另有一件畫獅枕，上面有「鎮宅」二字，也是辟邪之意。此外還有一個陶枕，枕面上寫著一首詩：

> 久夏天難暮，紗櫥正午時。忘機堪晝寢，一枕最幽宜。

由此更可以證明它不是殉葬用的物品了。

就陶枕的時代說，還沒有發現有唐代年號的作品。湖南長沙出土的陶枕中，有「貞明六年」（920年）的題記，那是五代梁末帝的年號，這是陶枕中較早的一件。宋代陶枕有年號可考的，過去看到的實物和文獻上的記載。計有五件：

1．有至和三年的（宋仁宗，1056年），枕的側牆上有「至和三年張家造」七字。

2．有嘉祐八年的（宋仁宗，1063年）。

3．有熙寧四年的（宋神宗，1071年），枕面中部珍珠地有飛白文「家國永安」四

字，左側有「九大法底趙家枕永記」九字，右側有「熙寧四年三月十九日書」十字。

4．有元祐年號的（宋哲宗，1086～1094年），是一件側臥的孩兒枕，枕面已破損，底有墨書兩行，僅「元祐」二字及「某某置」的「置」字可辨，餘均模糊。

5．有崇寧二年的（宋徽宗，1103年），枕的足部有墨書「崇寧二年新婿」六字。

以上年號中至和的一件最早，差不多是北宋中葉的作品，崇寧的一件已到北宋末年了。在這一個時代裡——從至和到崇寧——正是宋代北方陶瓷發展極盛的時期，而以「張家造」的陶枕發現較多，「劉家造」、「王家造」次之，熙寧四年之趙家枕最少。「張家造」的印記有好幾種，其中「古相張家造」就是指河南安陽一帶漳河南北的觀台窯與冶子窯而言。這些地方，原屬古代相州（宋代叫做「相州鄴郡」），所以說「古相」。還有一種底有「王氏壽明」鐘形印章，枕面左邊有「漳濱逸人製」五字。所謂「漳濱」，也就是指的漳河邊上，因此這種陶枕，無疑的是觀台窯或是冶子窯所製。

關於陶枕燒造種類及其發現地點，把截至目前可以見到的材料歸納起來，有以下十四種：

1．唐三彩枕（圖一、二）。河南洛陽附近發現，燒造地點不明。色釉與普通常見的唐三彩陶器相似，也有加藍彩的。有蓮花紋圖案，四周綴以排列整齊的小梅片以及交頸鴛鴦等花紋。枕的形式，略帶長方形的居多。獸頭枕的枕面稍傾斜，往往滿綴小梅片花紋，這是唐三彩枕的特徵。

圖一／唐三彩鴛鴦紋枕

圖二／唐三彩雙獅枕

2．唐綠彩枕。湖南長沙附近發現，燒造地點不明。是否嶽州窯的出品，尚難確定。長方形，畫著不知名的花草。綠彩近乎豆瓣綠，頗為明亮。

3．唐絞釉枕（圖三）。河南洛陽附近發現，燒造地點不明。長方形，絞釉如尋常所見的唐代絞釉盤碗，以黃黑相絞的為多。

4．唐青釉及黃褐色釉枕（圖四）。浙江余姚越窯燒造，長方形，有劃花，是唐代越器固有的色釉。黃褐色的，長沙發現，可能也是岳州窯的出品。

圖三／唐絞釉枕

圖五／宋（金）三彩刻花兔紋枕

　　5．宋三彩枕。河南禹縣扒村窯、修武當陽峪窯均有燒造。山西發現的燒造地點不明。形式都是長方形，普通以畫蓮花家禽的居多（圖五），花卉次之，人物故事最少。當陽峪窯的出品，色調明快，線條生動，有時畫面極為單純。扒村窯及山西燒造的，比較粗糙，色彩有時略嫌濃重。此外有製伏虎枕的，枕面劃波浪紋，也是山西的製品。

圖六／宋定窯孩兒枕（枕面殘缺）

　　6・宋白釉枕。河北曲陽潤磁窯、磁縣彭城窯以及其他地點不明的民窯均有燒造。潤磁窯的白色陶枕，有定窯的特徵，但極少見（圖六）。磁縣方面燒造的，例如通常說的「娃娃枕」（製成側臥的孩兒形的枕），一直沿用到現在，那是最常見的了。

　　7・宋青釉枕。河南臨汝窯燒造的刻花枕，比之印花的盤碗，極為少見。有凸雕的纏枝牡丹，雕刻極深，剛勁中又見圓熟，為臨汝窯最重要的製作。此外鈞窯系統的枕頭，也很少見。

　　8・宋綠釉枕（圖七）。扒村窯所出作深綠色，長方形，有黑字題句，也有畫黑色花鳥的。其他地方所燒造的綠釉較淺，劃花也比較草率。此外有在釉下劃字的，如高平調木蘭花詞等，都是常見之物。

9．宋白地茶色花紋枕。當陽峪窯所出，枕的形狀作如意頭式，白地茶色花紋，畫極生動。此種花卉，偶爾在宋代的梅瓶上可以見到。

10．宋白地黃色花紋枕。大抵係觀台、冶子二窯所出，以花卉紋樣為多，風格豪放，花瓣及葉子上往往有篦紋。

11．宋白地赭色花紋枕（圖八）。河南安陽觀台窯、澠池干毫窯、扒村窯、冶子窯以

圖八／宋磁州窯白釉褐彩嬰戲紋枕

及山西平陽等處均有燒造。此種作品，於白釉枕面上畫著赭褐色的花紋，即通常所稱「鐵鏽花」的製法。所畫題材以人物故事和山水畫為多（圖九），大抵出於觀台及冶子二窯。又有於花紋之外，在胎上劃出許多赭色的小圈，即通常所說的「珍珠地」（圖一〇）。上面罩一層透明的釉，經過入窯燒製後，呈色非常顯明。如果火度失宜，本來透亮的一層白

圖一〇／宋珍珠地劃花折枝牡丹紋枕

釉便會呈現渾濁的灰白色，釉下的花紋也就變得暗淡隱晦，看不清楚了。

12·宋白地黑色花紋枕。當陽峪窯、觀台窯、冶子窯均有燒造。宋代陶枕中此種式樣最多，有桃實式，如意頭式（圖一一），以及長方形、八角形、橢圓形等許多種。劃花的技巧採用最特殊的剔劃法，例如白地罩上黑釉後，用剔劃的方法剔出花紋，可以顯出黑花白莖白地。也有所謂半刻半畫的，當陽峪、觀台兩處燒造得最多，花紋也非常複雜，人物故事、花卉、禽獸蟲魚都有。

13·宋褐釉枕。江西吉安永和窯燒造，通體作褐色，有時印有白色露胎的葉片紋。

14·宋白地黃黑二色花紋枕。燒造地點不明，傳說河北邯鄲附近有窯燒造此種枕頭，但尚不能證實。形式作伏虎狀（圖一二）。有的塑製少女，側臥蜷伏，臉部填粉，極為豐腴。枕面或畫花鳥，或題詩句，畫得好的較為少見。

圖一二／金白釉褐彩文字伏虎枕

圖一三／金磁州窰白釉褐彩人物紋枕

圖一四／元磁州窰白釉褐彩人物紋枕
（此類瓷枕以往多定為宋、金，現根據出土器物排比，時代改為元。編者注）

　　宋代陶枕除了是當時民間的生活用具，有實用價值以外，它的美術價值在於無論造型、品質以及繪畫方面，都很精美。陶枕的藝術傳統是從唐代繼承來的，它的造型，除去常見的長方形以外，還有各式各樣的變化，這些器形，都是很好的立體圖案。有些雕造出來的人形、獸形、龍形，還是很好的雕塑品。在品質上，它也繼承了唐至五代燒造陶瓷的方法，使燒造技術有了很大的發展。胎釉方面，牙色的枕面，不但顯得堅致、瑩潤、雅潔，而且還發明了劃花和畫花的方法。三彩釉的使用技術，較唐代大為提高，黑白花的製作更是宋代特有的創造，為以後的瓷器畫花開闢了途徑。在圖案裝飾上，有劃花、半刻半畫等各種方法。繪畫的內容，更有描寫人民生活、社會風俗以及動物、山水、花卉等各種題材（圖一三、一四）。至於圖案，例如鳳凰、牡丹、寶相花、纏枝蓮等，也都非常美麗，為宋代以後的瓷器圖案提供了良好的基礎。繪畫風格，具有民間繪畫的優點。它無論在造型、繪畫、劃花以及燒造方法等各方面，都為以後陶瓷工藝的發展創造了新的條件。

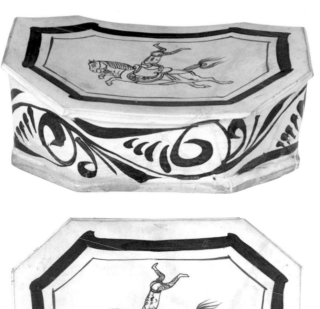

圖一五／宋（金）磁州窯白釉黑彩馬戲圖枕

　　宋代陶瓷達到極其精美的程度，當時的各種陶瓷工藝品，至今還是極端珍貴的文物，在藝術上蔚為一代大觀，永遠放射著光輝。陶枕雖然只是其中的一種，但也可以從這裡看出它的優點。這些珍貴的陶瓷品，許多成為外國美術館中最貴重的陳列品。至於本書所選材料，則以白地黑花紋的居多，其次是宋三彩。

　　畫花是宋代陶枕最大的特點，畫風活潑自然，優美健康，純然是一種民間繪畫的傳統，具有現實主義的風格。畫法簡練圓熟，全都出於無名的畫工之手，也就是出於燒造陶瓷的民間藝人的創作。更重要的，是宋代繪畫千餘年來經過許多次的戰亂兵燹，傳世很少，民間繪畫尤其難以見到。而陶枕上的繪畫，卻多少保存了一些確實出自宋代民間藝人之手的作品。

　　陶枕中描寫生活的風俗畫很多，馬戲一幅（圖一五），畫一個短衣窄袖的少年倒豎在飛馳的馬背上，表演著絕技，使人看了以後，會聯想到民間的集市，宛如置身於萬人歡騰

圖一六／宋（金）磁州窯白釉黑彩童子蹴鞠圖枕

的熱鬧場中，而不免為之眉飛色舞。蹴鞠圖（蹴鞠是古代踢球的遊戲）中的少女，畫得生
動多姿，完全是從觀察實際生活得來的（圖一六）。描寫兒童生活的題材也很多，都畫得
天真可愛（圖一七）。例如騎竹馬的小孩子，穿著花布衫，揚鞭打馬，神情意態，栩栩如
生。柳陰讀書枕，畫一個單衫的女子偃臥在石床上，旁有柳枝披拂，整個畫面充溢著優美
的氣氛，在民間藝術中是一件別具情調的傑作。

　　赭色山水枕，畫中有山、有雲、有樹、有草、有齧草的羊與飛翔的鳥，描寫自然界常

圖一七／宋（金）磁州窯白釉黑彩童子釣魚紋枕

見的風物，筆觸雄肆，意象遼闊，畫法充滿了質樸的感覺。這幅畫的表現方法，很像漢代石刻和敦煌千佛洞唐代壁畫上的風景畫，純粹是民族繪畫最早的畫風，經過很長的年代，還能夠在民間日常生活用的陶枕上找出它的源流、看出它的線索。

　　陶枕上的花鳥畫，描寫民間日常生活中最美麗的花卉和禽鳥，畫法流利生動，表現技巧非常卓越（圖一八至二一）。這些極端簡練和樸質的花鳥畫中，有一部分描寫農村風光的題材，具有堅實的現實主義的精神，畫面上空間遼闊，充滿了野趣。例如蓮池雙鵝、竹

圖一九／金磁州窯白釉黑彩鶴紋枕

圖二〇／金磁州窯白釉黑彩鳥紋枕

圖二一／金磁州窯白釉黑彩蘆雁紋枕

雀等幅，民間藝人能夠抓住這些題材忠實地描繪出來，絲毫沒有矯揉造作的痕跡，這正是民間繪畫的特點。黑鷹搏擊水鴨的一幅，畫得尤其生動。畫中的黑鷹從天空撲下，一隻鴨逃走，另一隻鴨鑽到水裡，尾巴還露在水面。波紋在動盪，蘆葦在搖顫，無論就意境上說，還是就技巧上說，都是一件富於生趣的佳作。另外有些半刻半畫的作品，利用黑白畫特殊的技巧，造成一種木刻畫的趣味。池塘趕鴨的一幅，便是這樣。這幅畫挺拔和諧，很富詩意。三彩枕的花鳥枕，白色的飛鳥展開了雙翼，襯托在深黃濃綠的背景上面，色調明快，燦爛悅目，鳥的四周布滿了花枝，這也是從來民間藝術中常見的題材，一直流行到現在。

　　陶枕上的裝飾圖案，非常出色。例如纏枝牡丹，十九朵花盤繞在半圓形的枕面上，布置得勻稱自然，運用線條也流利洗練，與宋代其他陶瓷上的黑剔花、白剔花的裝飾圖案同

樣優美。這種優秀的裝飾藝術，只有在以後的民間藝術中才能見到，而後來官窯瓷器上的裝飾圖案（舊稱「規矩花」），則日漸流於煩瑣板滯，漸漸失去了樸實、健康、雄邁和富於創造性的特點。

吉州窯燒造的褐色枕還有一種特別的印花技術，是先把兩枚天然的葉片壓在陶胎上，然後施釉。燒時去葉露胎，燒成了便顯出兩片不掛釉的白色楓葉，隱約還可以辨出葉脈的痕跡。這種巧妙的技術，只有在民間窯器上才可以見到。

還有一種在表面的白釉上施著黃黑兩種彩釉的伏虎枕（通常稱做「虎皮釉」），枕面上往往畫著花鳥，寥寥數筆，簡潔樸實。例如所畫殘荷衰草，野塘蘆雁等，在宋代民間窯器的陶枕上是很常見的。

總體來說，宋代陶枕上的繪畫，首先是主題明確，形象完整，構圖和諧，筆調雖然有時草率，但是剛健有力，準確熟練。即使是一幅不甚經意的畫材，也能夠把握住所要表現的重點，使它顯明突出。有時寥寥數筆，蘊藏著無限的意味。其次是運用寫實的手法，反映生活中常見的事物，使人看了之後覺得親切有味。這種畫法在當時的陶枕上所以流行得很廣，想來是很受群眾歡迎的。另外，它在技巧上不受藝術形式的束縛，不作故意的雕琢和無聊的堆砌，能夠注意藝術上的概括和完整，達到意到筆隨的境地。雖在不同形式的枕面上構圖、布局，也不致受到枕形的限制，小至一草一葉，都配置得勻稱適宜。疏落一點，不嫌單調；複雜一點，也不致流於瑣碎紊亂。最後，是它的取材豐富，變化繁多。我國古代的人民用他們高度的智慧，發為藝術上的創造性，雖是直徑尺餘的陶枕，但是造型、繪畫、圖案以及燒造的方法，卻很複雜精緻。特別是繪畫和圖案，很少重複雷同的作品，絕不落入濫套。至於「依樣畫葫蘆」的摹擬與臨仿，更是少見。在色彩方面，除了三彩以外，普通雖只黑白兩色，但也不覺單調，而能運用巧妙的加工，使人感受到藝術上的滿足，儼如具有染色的效果。所有這些優點，都是民間藝人在藝術上達到高度成就的結果。

這種優秀的古代民間藝術，過去一向很少受人注意。今後在古物發掘中必然能夠發現更多的古代民間陶瓷工藝品，使我們能夠把民窯繪畫的傳統整理出一個完整的體系。本書只就目前能夠得到的材料編成，目的在於為美術創作提供一些參考資料，在整理古代民間藝術上只是一個開始而已。

三件有永樂年款的青花瓷器

　　明永樂青花瓷器之有年款的，據《博物要覽》上說：「永樂年造壓手杯，坦口，折腰，沙足，滑底，中心畫有雙獅滾球，球內篆書『大明永樂年製』六字或四字，細如粒米，此為上品。鴛鴦心者次之，花心者又其次也。杯外青花深翠，式樣精妙，傳世可久，價亦甚高。」但是此種壓手杯，向不見於任何瓷器圖錄，亦不見於任何人的著作中，因此就有人懷疑說，此種作品，是否尚留人間，是一問題！

　　由於此種有年款的傳世品之不能見到，所以除了一部分有宣德年款的青花器物，確定其為宣德時代所燒造外，其無年款的青花瓷器，就很難有一致的看法。永樂呢，還是洪武呢？也就是說15世紀前三〇年代呢，還是14世紀後三〇年代呢？

　　在故宮博物院藏品中，先後竟發現了三件有永樂年款的青花壓手杯，「永樂年製」四

字款在雙獅滾球內的一件（圖一），花心內的同樣有兩件（圖二、三）。造型是坦口，折腰。《陶說》裡說為撆口，又說手把之，其口正壓手故名，那是不錯的。沙足，滑底，就是圈足墊沙燒製，底裡有釉，因而稱為滑底。口徑9.1公分，底徑3.9公分，高5.4公分，足高0.8公分，足寬0.4公分。口部外側有一圈梅花點紋，杯身纏枝蓮，足部外側草紋，杯的口部內側有兩道圈線。青花的顏色，球心的略深，花心的稍淡。因為胎骨較厚，所以拿在手中，有一種凝重的感覺，可是一點也不嫌笨拙，依然是玲瓏可愛的。

　　這三件有永樂年款壓手杯的發現，使得對於永樂青花瓷器的鑒定方面，有了一個確實可靠的依據。從來有好些青花瓷器向來被人們妄斷為宣德，或是左右於宣德永樂之間的，至此也可以比較確定了它的時代；要是再進一步分析，就是既非永樂，更非宣德，有鑒定

圖二／明永樂青花壓手杯

為洪武的可能。

　　本來自從有元至正十一年（1351年）題記的兩件青花大瓶肯定以後，據近來研究瓷器的文獻記載[1]，認為一種瓷胎厚重，底部無釉，中心畫著雲龍、蓮池水禽、萍草游魚、雙鳳穿花、蕉石花果之類的大盤，器身青花有鴛鴦戲蓮、纏枝牡丹的大型梅瓶以及左右有獸面或是雙龍耳的廣口大壺等的造型作風，都與以後的宣德青花截然不同，而與至正十一年的大瓶，是一脈相承的，因而確定為14世紀後半期的作品。另一部分無款的，從造型花紋種種方面來比較分析，以為是15世紀早期的作品。所謂14世紀後半期（1351～1400年），包括了元至正十一年以後的元代17年（1368年正月洪武元年，八月元亡）。明洪武的三十一年及建文的二年，其間以洪武的時代，占了後半期的3/5；15世紀早期（1401～1435

圖三／明永樂青花壓手杯

年姑以宣德一朝為止），是建文二年、永樂二十二年、洪熙一年、宣德十年，亦以永樂的
一朝為最長。就此判斷，似乎明初的洪武跟永樂可以有了一個初步的鑒定範圍，但是洪武
與永樂以至永樂與宣德間，更能鑒定得穩當些、明瞭些、確切些，還不能做到，因為在這
一段時間裡，沒有有年款的實物可以作為佐證，為此發現在此時間內的有年款的青花瓷器
是極為必要的。這三件有永樂年款的壓手杯，就在這一點上應該肯定地說有它的重要性
了。

[1]　參考約・阿・帕布著《伊斯坦布炮台門宮所藏中國瓷器之14世紀的青花》，1952年；赫來・卡爾納
　　　著《東方青花》；約・阿・帕布著《阿爾達比聖廟之中國瓷器》，1956年。

談瓷別記

一　鬥彩高士杯（成化）

　　明代成化窯燒製了很多的茶杯與酒杯（程哲的《窯器說》，說是成杯茶貴於酒，彩貴
於青），而酒杯的種類也是多種多樣的，如《景德鎮陶錄》及梁同書的《古銅瓷考》裡
所說的：「成窯有雞缸杯，為酒器之最，上繪牡丹，下繪子母雞，躍躍欲動。五彩葡萄擎
口，扁肚靶杯，式較宣杯妙甚。次若人物蓮子酒盞，草蟲小盞，青花紙薄酒盞，名式不
一，深淺瑩潔而質堅。」而張宗楠《帶經堂詩話・附讀曝書亭集詞》注裡說：「成窯雞缸
歌注成窯酒杯，種類甚多，有名高燒銀燭照紅妝者，一美人持燭照海棠也。錦灰堆者，折
枝花果堆四面也。秋千杯者，仕女戲秋千也。龍舟杯者，龍戲舟也。高士杯者，一面畫周

圖一／明成化鬥彩高士杯

茂叔愛蓮，一面畫陶淵明對菊也。娃娃杯者，五嬰兒相戲也。滿架葡萄者，畫葡萄也，其餘香草、魚藻、瓜茄、八吉祥、優缽羅花、西番蓮、梵書各式不一，皆描畫精工，點色深淺，瓷色瑩潔而質堅」云云。

　　成窯雞缸杯是素負盛名的一種酒杯，此我不談，我所要談的是高士杯。根據以上的記載，高士杯所畫的是周茂叔的愛蓮與陶淵明的愛菊（圖一），那是故宮博物院一向陳列的

一件酒杯。畫人物花卉俱用青花，僅蓮花與菊花點上幾點彩色，所以嚴格地說起來不能說是鬥彩。最近在鑑定故宮博物院所藏瓷器時在過去認為雍正仿製的瓷器裡竟發現了向來載籍上所沒有提起的一對高士杯，所畫的為王羲之愛鵝跟伯牙攜琴訪友（圖二）。

1．王羲之愛鵝。王羲之頭部手部及下身衣著俱係青花，上身衣服輪廓青花填以礬紅。童兒頭部足部手捧圖書均青花，衣服填淺淺水綠色。鵝的全身用青花勾畫後再加赭彩。水係青花加綠色。垂柳一株，樹幹青花輪廓，復加赭色，苔點用青花，柳枝青花後再敷綠彩。坡石均青花，石邊草竹俱加染綠彩。

2．伯牙攜琴訪友。伯牙頭部青花，衣服用青花勾輪廓後全加水綠彩，但袖部領部絲

圖二／明成化鬥彩高士杯

條及足部均露出原來青花。童兒頭部足部兩手及所夾的琴都是青花，衣服礬紅，結帶加黃色彩，松樹的著彩一如垂柳，松側野菊五株全係青花畫好後再加以綠色的幹，黃色的石。坡石加彩情形同另一面。

由於此種加彩的方法有好幾種，所以《南窯筆記》上所說成、正、嘉、萬俱有鬥彩、五彩、填彩三種，如欲細細區別，並不如此簡單（關於成窯的加彩方法擬另談）。因此這一對高士杯，卻不同於一般之葡萄杯，而與雞缸杯亦顯然是兩樣的。可惜這一對高士杯湮沒在雍正仿件中數十年，直到最近重加鑒定時，才得發現。此件原藏奉天行宮，後藏古物陳列所寶蘊樓，由郭世五輩鑒定為雍正仿件，以致數十年之久不能與世人見面，由此亦可見郭世五輩的鑒定能力。

二　鐘進士飲酒瓷像（康熙）

距今五十八年前的光緒二十六年，義和團起義失敗，帝國主義者組織八國聯軍侵佔北京之後，清宮及各王公府第遭到了帝國主義軍隊的搶掠，古代文物蒙受一次浩劫，並且有一部分流散市上。據傳說東四北大街沿街擺了很多攤子，什麼珍貴的東西，應有盡有。自然古代的名貴瓷器也就在這些攤子上出現，是不足為奇的。當時有個內務府當司官的慶寬（小山）是一個出入於奕劻（慶親王）家的門客，他建議奕劻收購散出來的瓷器，藏的人只要拿出來賣，可以不追究來源。奕劻支持他的辦法，派他主持其事。他於是派出人辦理收購，價款由四恒銀號（如恒元恒豐等）墊撥。隆福寺街的福全館，為臨時收購站。有一天慶寬到三和公去閒逛（三和公也在隆福寺街，是一個嫁妝鋪兼營文物的），看見一個瓷像，就連忙下跪口稱：「老佛爺您受屈了！」三和公的夥友們見了非常詫異，不知究竟，慶寬說：這是宮裡庫房的庫神爺，怎麼也會流落出來呢？他就招呼店主人，一併與其他收購的瓷器送進宮去。當時三和公有個大徒弟名叫張子泉，曾把那個庫神畫了一張，二十六年後，張開了一家全興信記的古玩鋪，向前門大街德泰瓷器鋪代燒了九件瓷像，大致還是照原樣的，只是紅袍上沒有加金罷了。此種仿造的像在以前還能見到。

民國初年，溥儀還沒有出宮，曾有過幾次名義上出賣破碎瓷器的事情，當時溥儀的偽朝廷中總管內務府的是世續，管庫的是多潤州，當時古玩行裡人藉此進過庫房，還活著的郭靜安，是其中之一。他親眼看見過放在洋瓷匣上的一尊瓷像，斜倚著身，穿著紅袍，管庫人說是庫神爺，庚子年曾流落到外面，後來回來的。

去年故宮博物院鑒定庫藏瓷器，在寧壽門庫房中找出一件瓷造像，堆在一批乾隆的瓷器裡，經過詳細審定，才看見瓷像所倚靠的山石上有「康熙年製」的四字款。孫瀛洲先生想起了過去有關庫神爺的傳說，並張子泉所燒過的那些瓷像，大體上與此件無異，最後還

圖三／清康熙五彩鍾馗像

參證了郭靜安所目見的情景，肯定了這件瓷像，就是當年流落到三和公經過慶寬跪接回庫
的所謂庫神爺。最後又經過郭靜安看過，證明就是當年在瓷庫看見過的。

　　瓷像的本身是怎樣的呢？大體姿態可以參考照片，它的色彩是紅袍加金花雲龍紋，繫
黃絲條，玉帶，朝靴，背靠在青色山石，山石上有一瓶，畫雲蝠，像的後身有描畫著哥紋
片的小罈，這是一件五彩的瓷像。像的臉部帶桃紅色，黑髯，右手舉杯，兩眼惺松，真是
一種醺然微醉的絕妙神態（圖三）。

　　康熙時原有各種形態的飲酒像，素三彩的居多，此則五彩，像亦較大，為康熙瓷像中
的精品，過去以此為庫神爺是很可笑的。

談成化窯的彩

　　成化一代瓷器上的用彩，一般都稱為鬥彩。鬥彩的說法，是以青花為輪廓，彩就加在輪廓裡面，更因為青花與彩色是這樣的並用，就有所謂相互鬥妍爭豔之意。其實成化瓷的施彩，並不如此簡單。同時鬥彩這個名詞，在明代談瓷器的文獻裡是不見的。如隆慶間的《清秘藏》，崇禎間的《長物志》以至《博物要覽》、《敝帚軒剩語》等都是說成化五彩或說青花間裝五色。只是《南窯筆記》裡有這麼一種說法：

　　　　成、正、嘉、萬俱有鬥彩、五彩、填彩三種。先於坯上用青料畫花鳥半體，復入彩料，湊其全體，名曰鬥彩。填彩者，青料雙勾花鳥人物之類於胚胎，成後，復入彩爐，填入五色，名曰填彩。其五彩則素瓷純用彩料畫填出者是也。

不過筆記裡對於雞缸杯、高士杯、錦卉堆各種卻又說成「成窯淡描五彩，精雅絕倫」。這與所謂素瓷純用彩料畫填出來的話，又自相矛盾了；同時，所說鬥彩的製作方法，說什麼以青料先畫半體，復入彩料，湊其全體云云，那就根本不同於後來所謂鬥彩的一種說法。

《南窯筆記》這本書的寫作年代，大概在清代康雍年間。到底成窯的用彩是怎樣的呢？既不是一個鬥彩的名詞所能包含一切，又不是《南窯筆記》所稱僅僅三種的說法，現試就實物上所表現的幾個用彩方法來談一談：

1・高士杯（見《談瓷別記》圖一，故宮博物院藏）上所畫陶淵明一面的菊花，枝葉全係青料，只是花朵點著幾點礬紅。另一面周茂叔愛蓮，也僅在池塘裡畫幾片綠彩的荷葉，以及幾點淡淡的紅色，表示著盛開的蓮花。這種用彩的方法，只可以說彩是一種附加的點綴品，而全部的主要色彩卻全是青花，因而我以為可以給它一個用彩的名稱叫做點彩。

2・在有的小杯上，畫有兩三株草菊，枝葉及花朵均以青料畫成，另於花葉上罩以紅彩及綠彩；同樣的，在地上或石坡後面的一叢雜草都是青花罩上綠彩。這種方法是在原來已有的青花上添蓋一層彩，也可以說是額外地披覆一層彩的做法，其例甚多，因此就直截地說它是覆彩（圖一）。

3・在一件有海水飛馬的天字蓋罐（圖二，故宮博物院藏）上，重迭的波濤畫好青料再加綠，仍是覆彩的方法，而表現白浪滔天的浪花，卻是青料畫線，並不加彩，顯出本色

圖一／明成化鬥彩菊蝶紋杯

圖二／明成化海水飛馬「天」字罐

的白，另在青花邊外，施以深淺不同的綠彩，這樣做，更能表現出白浪的白色來。這種施彩有著烘托的作用，手法是採用畫家的渲染。因為這種彩能濃淡深淺如暈，在這裡我稱它為染彩。

　　4·所謂先用青料雙勾花鳥人物之類，經入窯燒成後再施彩繪，也就是所謂在青花輪廓線內施彩的方法，這就是俗稱的鬥彩。其實用《南窯筆記》裡的說法稱之為填彩最為恰當。這種例子在成化窯的彩繪中是極多的，如高士杯上青花輪廓填以紅彩的衣服等是。不過填的彩，有的只用一種彩，有的用黃綠兩種，加上青花，極素樸，宛似素三彩，有的黃綠二彩外加礬紅以及深綠、赭色等種種，那就更為多種多樣了。

　　5·另有一件如纏枝蓮蓋罐（圖三），蓮花俱用青料渲染，纏枝則用青料雙勾再加綠彩。全器色彩只此兩種，極靜穆之致。青料雙勾纏枝後施加綠彩，固可稱為填彩的一種，但蓮花用青料而不再加以彩飾，卻又是成為完全青花的一種燒製方法。這件蓋罐，稱之為青花或稱之為填彩，都不相宜。原因是不在纏枝上填彩，也無妨於全器的青花，這種填彩並非一定必要，實際上不過附加彩的一種，所以不妨命以青花加彩。

　　幾種施彩方法是可以同時並用的，如高士杯的人物衣著用填彩，野菊、松針以及垂柳都用覆彩。又如海馬蓋罐，兩馬均青花，一馬身加黃，一馬身加礬紅，雲全是青花，白浪是青花勾線外染淡綠彩，海水青花加綠，蕉葉紋加黃，因而這件蓋罐是用染彩、填彩及加

圖三 / 明成化鬥彩纏枝蓮紋蓋罐

圖四 / 明成化五彩纏枝牡丹紋罐

彩等三種方法繪成的。

　　由於以上的分析，成化窯的用彩方法是相當複雜的。籠統的給它一個鬥彩的俗稱，實在是極不恰當，如欲歸納出幾個簡稱的名詞，那麼填彩及加彩似乎可以概括了。這種施彩，也就是文獻上所謂青花間裝五彩的說法。至於成化窯的素瓷上純用彩料畫填的作品，傳世的絕少，故宮博物院藏有纏枝芙蓉罐一件，這就是文獻上所稱的成化五彩（圖四）。

宋末至清初中國對外貿易中的瓷器

一 宋、元、明有關瓷器出口的文獻資料

中國唐代廣州對外貿易，一時稱盛，嗣後趙宋時期，設置了多處市舶司，對外貿易有了進一步的發展，《宋史》卷一八六《食貨志》有明白記載，「凡大食、古邏、闍婆、占城、勃泥、麻逸、三佛齊諸番並通貨易，以金、銀、緡錢、鉛、錫、雜色帛、瓷器，市香、藥、犀、象、珊瑚、琥珀、珠琲、鑌鐵、鼊皮、玳瑁、瑪瑙、車渠、水精、番布、烏樠、蘇木等物」。交易物品中就有瓷器一項。而《諸番志》所記載海國之事尤詳，鉤稽書中所涉及貨用瓷器的地方很多。《諸番志》係提舉福建路市舶時趙汝適所著，汝適於福州、泉州見當時市易之盛，就所聞見，纂述是書，於外國名物，疏釋頗詳，書成於宋理宗

寶慶元年（1225年），距宋亡僅五十四年。茲就書中所記外商興販瓷器博易諸條，以瓷器類別歸納如下：

　　青白瓷器　　1處（闍婆）。

　　青瓷器　　1處（渤泥）。

　　白瓷器　　1處（西龍宮群島）。

　　統稱瓷器　　11處（占城、三佛齊、單馬令、淩牙斯加、佛囉安、蘭三里、南毗、層拔、麻逸、三嶼、蒲哩嚕）。

　　其次是元汪大淵的《島夷志略》。汪大淵南昌人，於元順帝至正間（1341年）常附海舶浮海越數十國，回來記所聞見成書三本。從書中所舉外國交易貨用瓷器諸條，以瓷器類別歸納如下：

　　青白花碗　　7處（三島、丹馬令、戎、東沖占剌、爪哇、喃唔哩、加里那）。

　　青白花器　　6處（蘇洛鬲、朋加剌、天堂、天竺、甘埋里、烏爹）。

　　青白瓷器　　1處（班達里）。

　　青白碗　　1處（羅衛）。

　　青碗　　1處（尖山）。

　　青白花瓷器　　3處（丁家廬、龍牙、犀角、小唄南）。

　　青瓷花碗　　1處（占城）。

　　處州瓷　　4處（琉球、無枝拔、龍牙門、麻里嚕）。

　　處瓷　　1處（舊港）。

　　處器　　1處（蘇祿）。

　　青處器　　1處（花面）。

　　青瓷器　　4處（蒲奔、文老古、日麗、文誕）。

　　青器　　6處（遐來物、羅斛、淡邈、八節那間、勾欄山、曼陀郎）。

　　青花盤碗　　1處（吉蘭丹）。

　　瓷器　　4處（麻里嚕、彭坑、嘯噴、班卒）。

　　此外還有水埕大甕、大小埕甕、瓦瓶、粗碗等。書中明白告訴我們有青白花碗以及青白花器、青白瓷器等，可以歸入青白花瓷器之內（圖一至四）；青瓷方面如處州瓷、處瓷、青處器、青瓷器、青盤等，可以合併為青釉器一類（圖五、六）。

　　元代文獻中提及瓷器的如周達觀的《真臘風土記》。周達觀浙江永嘉人，係1295年元帝遣使真臘，達觀隨行出國，就其聞見，撰風土記一書，次年返國（係大德元年）。書中有一記載極堪尋味，即於欲得唐貨條下有如下的記載：

圖一／元青花鳳凰花卉紋執壺

圖二／元青花蘆雁紋梨形壺

圖三／元青花纏枝牡丹紋罐

圖四／元青花雲龍紋梅瓶

圖五／元龍泉窯刻花牡丹紋玉壺春瓶

圖六／元龍泉窯褐斑八方盤

以唐人金銀為第一，五色輕縑帛次之，其次如真州之錫鑞，溫州之漆盤，泉州之青瓷器。

記載中最值得注意的，瓷器是指泉州的青瓷而非處瓷。是在當時的福建泉州，已燒製青瓷出國，實為中國出口瓷方面的一重要史料。

元代以後，到了明代的鄭和七次下西洋，作為博易外貨的瓷器，有著很詳明的記載，就當時隨同鄭和出使的幾個人所著的如《星槎勝覽》、《瀛涯勝覽》以及《西洋番國志》三本書。就書中所記載的關於交易用的瓷器，分別摘述如下：

《星槎勝覽》所記的交易用的瓷器獨多，綜合之有：

青碗　1處（交欄山）。

青白花瓷器　6處（暹羅、柯枝、忽魯謨斯、榜葛剌、大唄喃、阿丹）。

青白瓷器　4處（舊港、滿剌加、蘇門答剌、龍牙犀角）。

大小瓷器　4處（舊港）。

瓷器　10處（花面、剌撒、三島、蘇祿、佐法兒、竹步、木骨都束、溜洋、卜剌哇、阿魯）。

瓷碗　3處（淡洋、古里地悶、琉球）。

青花白瓷器　3處（錫蘭山、古里、天方）。

其中青花瓷器竟有九處之多，專指青瓷碗一處，而普通瓷碗、瓷器達二十處。可見當時青花瓷器作為對外貿易之用已極盛行（圖七至九）。又如《瀛涯勝覽》中爪哇條有「國人最喜中國青花瓷器」！而特別指出交易使用的青瓷盤碗、瓷器等物的有占城、錫蘭、祖法兒三條。《西洋番國志》中記載，喜愛中國青花瓷器、青瓷盤碗者，有占城、爪哇、錫蘭三條。

總結以上情形，大致有以下幾點極為重要：

1・當時的對外路線，自海南島南至現在的印度支那半島，以迄馬來半島東岸，自北往南是印度尼西亞，由印度尼西亞東北到菲律賓，西北到馬來半島西岸、孟加拉，以至錫蘭島；經印度洋到印度大陸的卡利卡特，到達現屬伊朗的忽魯謨斯，更由此經阿拉伯半島南行，所走東非之木骨都束，即現在索馬里首都的摩加迪沙。此外如卜剌哇、竹步等都在北非東北部沿海對著印度洋的一些地方。中國瓷器那時候竟隨著鄭和的下西洋而遠航到達了東非的索馬里。

2・那時候對外交易用的瓷器，大別之為青花瓷器以及青瓷兩類。當時中國的青花瓷

圖七／明永樂青花無擋尊

圖八／明永樂青花纏枝蓮紋雙繫帶大扁壺

圖九／明永樂青花纏枝蓮紋花澆

器已極受歡迎。

3．青瓷的產地有處州及泉州兩處，處州固為龍泉所在的地區，而泉州之燒青瓷，向不為一般談瓷者所重視，因此泉州古代窯址的發現，就顯得非常重要了。

4．除了瓷器外，還有日用的大小水埋甕罐之屬的粗器，也遠涉重洋送到東南亞各地去，以滿足當地人民日用上的需要，這與改進當地人民的生活方面，有著極重要的作用。

二 17世紀荷蘭東印度公司輸出中國瓷器的情況

1954年荷蘭出版了一本《瓷器與荷蘭東印度公司》（Ｔ・佛爾克著）。這是一本根據荷蘭東印度公司在巴達維亞的日記簿，在日本的平戶和出島的記錄，以及其他一些同時代的第一手材料，詳細敘述了東印度公司在17世紀裡（1602～1682年）把中國、日本、東京和波斯的陶瓷運銷荷蘭本國、波斯、阿拉伯、印度、緬甸、馬來亞、印度尼西亞等地的情況的書。對研究中國外銷瓷器極其重要，因為它不僅報導了我國瓷器在17世紀對外輸出，而且還了解到日本瓷器之所以興起等情況。

我國瓷器早在８世紀就「由我國船舶或經阿拉伯商人之手傳到印度、波斯，並由波

斯到達埃及，以至阿非利加的東部與北部，甚至有些記載說，通過地中海，還遠到西班牙」[1]。之後，隨著瓷器燒製的進步，商品生產的發展，瓷器便成為我國重要的對外輸出的物資。不僅在和外國使節往還時要用瓷器，而且也經由我國人民和其他各國人民之手輸出，供應各國人民的日常生活需用。我國文獻雖然也有不少關於這方面的記載，但是，卻沒有從數位上系統地記載我國瓷器在某一個時期的外銷情況。這本《瓷器與荷蘭東印度公司》為我們提供了在17世紀裡，也就是明末清初的一個時期裡，有關我國瓷器經荷蘭東印度公司之手，輸往國外的有力證據。著者所根據的材料是從1602年至1682年，在這短短的八十年裡，我國瓷器的輸出量竟達一千六百萬件以上。在當時，經營瓷器運銷業務的當然不僅是荷蘭東印度公司，我國人民也有不少經營這種生意。此外還有阿拉伯人、日本人、緬甸人、馬來亞人、印度人及英國人、葡萄牙人等。因此，我國瓷器的輸出一定要比一千六百萬件還要多得多。二百年以前，我國每年要有數十萬件的瓷器出口，這一方面說明我國的瓷器深受各國人的喜愛，另一方面說明當時我國的手工業已經有了相當高的水準。當時「工廠手工業有了很顯著的擴展。工廠手工業的特點在於生產過程的細密分工，並使用雇傭勞動。分工已達到那樣大的規模，以至例如一個瓷瓶在其製造過程中要通過五十個工人的手。為市場生產的私人工廠手工業都實行了各種技術上的改良」[2]。

　　荷蘭東印度公司運銷瓷器的地區很廣。除了荷蘭本國之外，還運銷亞州各地。「多數荷蘭人，也可以說多數其他歐洲人第一次聽到瓷器是在1596年」[3]。他們非常驚奇這種瓷器竟會比水晶還要優美。「在西歐見識到中國瓷器以後，中國瓷就受到熱烈歡迎。因為這是一種不是本地陶器所能比擬的器皿。中國瓷器所特備的優點，它那種不滲透性、潔白、具有實用的美以及比較低廉的價格，都使它很快成為當地人民深深喜愛的物品」[4]。事實上，荷蘭人民最早看到相當數量的中國瓷器是在1602年，荷蘭把擄獲的一隻葡萄牙武裝商船——聖亞哥船上一批瓷器在米德伯哥（middelburg）當眾拍賣。在這以前，只有極少數瓷器經葡萄牙、西班牙到達荷蘭。兩年以後又在阿姆斯特丹拍賣另外一隻擄獲商船上的瓷器。據說瓷器數量有60噸。購者來自西歐各個地區。法皇亨利四世也買了一套品質很好的餐具。由於歐人歡迎我國瓷器，荷蘭東印度公司認為有厚利可圖，就積極載運瓷器回荷（圖一〇至一三）。1610年7月有一條船載運9,227件瓷器到荷蘭，1612年運荷瓷器就有38,641件，1614年更上升到69,057件。迨至1636年，根據巴達維亞1月4日給荷蘭公司的信件知道有六條船回荷載去了259,380件瓷器。1637年有21萬件，1639年有366,000件。荷蘭東印度公司這個壟斷商業機構是建立於1602年，在它早期，還沒有建立它在印度尼西亞的侵略中心巴達維亞，還在1624年侵佔台灣之前，主要是在萬丹（Bantam）、北大年（Patani）和我國沿海各地採購瓷器的。從1624年起，瓷器的採購啟運中心便移至巴達維亞和台灣的

圖一〇／明萬曆青花松鹿紋花口盤

圖一一／明萬曆青花松鹿紋花口盤

圖一二／明崇禎青花帶柄杯　　　　　　　圖一三／明崇禎青花人物紋長頸瓶

赤嵌（Zeelandia）。1638年台灣的庫存瓷器竟達八十九萬件。荷蘭東印度公司自1602年至1657年鄭成功禁止船隻去台灣與荷蘭人交易為止，前後達半個世紀，運荷瓷器總數在三百萬件以上。這個數位僅是根據裝船單、發貨單得出的，當然沒有包括全部運歐的瓷器數量，因此著者認為這還是一個保守的數字。

　　荷蘭東印度公司除了把中國瓷器運到荷蘭銷售外，還極力插手亞洲各國的貿易。從1605年至1661年鄭成功把荷蘭侵略者從台灣趕出去為止，公司大約載運了五百萬件我國瓷器至安南、暹羅、緬甸、錫蘭、印度、波斯和阿拉伯等地（印度尼西亞和馬來亞各島嶼的運銷不在內）。1636年10月5日台灣范登伯格（Van der Burgh）給巴達維亞信裡說：「按照運來桶裝的樣品為蘇拉特、波斯和考羅滿達配備的兩萬考其[5]（40萬件）……以及根據您的指示為波斯定製一萬考其的瓷器，都已經與前任簽訂了合同，中國商人答應在1637年的二、三月裡交貨。」[6]從這段話我們可以知道在1636年向我國就訂購了六十萬件的瓷器準備運銷波斯、印度各地。1643年3月16日從蘇拉特開往阿拉伯摩查（Mocha）的尤特該司特

（Uytgust）船就裝有108,693件細瓷，值5,962弗羅林。1644年7月22日公司的駐波斯代表寫信給巴達維亞需要各種瓷器二十萬件。同年11月30日弗利特（Vrede）從台灣開往蘇拉特，載去159,713件。1645年「在另外一件給蘇拉特公司的主任的說明裡（日期為10月20日），我們知道今年已有二十四條船到達摩查，其中包括裝有其他物資的三條英船在內，計有各式各樣的粗、細瓷器15,000考其（30萬件）。」

至於印度尼西亞各島嶼的貿易，那是完全由荷蘭東印度公司壟斷的。從17世紀之初至1682年，最保守的估計，每年以十五萬件計算，八十年間就達1,200萬件。其中2/3是我國瓷器，日瓷約占190萬件（1653～1682年），東京瓷約145萬件（1663～1682年）。在1636年的記載裡，每月都有瓷器從巴達維亞運往爪哇的萬丹、齊里彭、亞拉伯、弟加爾、貝加龍干和柔丹，巴厘島，安汶島，蘇門答臘的詹卑、英德拉哥里、西里巴、舊港、蘇門答臘西海岸和亞齊，婆羅洲的蘇加丹那、馬塔甫拉和文那馬神。全年運往上述地區的總數達379,670件，沒有注明的貨物還不在內。

從荷蘭東印度公司運銷瓷器的記載裡，可以看到一種情況，那就是，大概在17世紀60年代以前，我國的瓷器有大量的輸出（圖一四、一五），而在70和80年代裡，荷蘭公司不

圖一四／清順治青花鑲銀扣壺

圖一五／清順治青花人物紋洗口瓶

　　得不改銷日瓷、東京瓷，甚至波斯的陶瓷，儘管這些瓷器在品質上都不及我國的瓷器。這
是因為當時長江流域和華南地區爆發了反清鬥爭，鄭成功在東南沿海不斷給清朝以沉重的
打擊。這個鬥爭一直延續到1683年（康熙二十二年），鄭成功孫鄭克塽降清，才算基本上
被清朝壓了下去。在這場激烈的鬥爭裡，由於沿海地區的海禁關係，瓷器的運銷，受到了
嚴重影響。

　　　與此同時，日本從中國瓷的大輸入國一變而為自己能夠生產而又能比較大量輸出的國
家。在這個問題上，著者在這本書裡提供了許多事實。1609年荷蘭在平戶（Hirado）建立
商業據點。1608年致送德川將軍的禮物中有六件大瓷碗。這種瓷器自然是中國瓷。「在那
時候，中國瓷是一種重要的外來貨，根據當時記載，在日本所需要各種外貨裡，中國瓷
列入第三位」[7]。1635年8月13日至31日由 Amsterdan，Wassenaer，Groll和Venhunysen 四條
船從台灣載運135,005件中國瓷去日本，在這十三萬多件瓷器裡，有38,865件青花碗、540

圖一六 / 日本江戶時代中期青花花卉紋盤

件紅綠彩盤、2,050件青花盤和94,350件飯盅和茶盅。1637年中國人運去七十五萬件粗、細瓷器。迨至1646年還有七萬件中國瓷運日。17世紀下半紀，這種情況就完全改變。1653年荷蘭東印度公司為巴達維亞藥鋪在日本購運了2,200個瓷藥罐。這說明日本已經燒製出口瓷器，但是數量還不大。從書裡了解到，日瓷真正達到大量出口的年度是1658年。「11月5日至8日，有七條中國帆船從長崎去廈門，裝運了各種很粗的日瓷。11月18日又有兩條中國船裝粗銅條和瓷器返國。11月28日更有六條船，主要裝的是粗瓷和狐皮、獵皮」[8]。1660年11月有四條船從出島運57,173件瓷器去麻六甲和印度各地。同年有11,530件日瓷運荷。自此到1682年，在二十三年裡約有十九萬件日瓷由荷蘭東印度公司運荷，有五十七萬件運銷亞洲各地（圖一六）。如果把這兩個數字和頭五、六十年裡所運銷的我國瓷器的數字相比，當然並不算高。著者認為這主要是由於日瓷的品質在當時還趕不上我國瓷器。另外一個原因是價格高，荷蘭東印度公司獲利不大。

從這本書裡我們獲得一個和日瓷燒造有關的資料，即在最初十幾年裡瓷用色料是由我國運去的。從1650年至1688年，輸日色料計有33,138斤又28擔。日本造瓷是從我國學習的，早在南宋就有人來我國學習造瓷技法。「17世紀中葉（清初）日本界田柿右衛門及

豐島左衛門又來到中國學習中國的造瓷技術」[9]。由此可見，日本不僅從中國學得造瓷技術，而且在17世紀中葉還從中國運進大量色料。

著者在這本書裡還提及我國外銷瓷器的式樣問題。在這個問題上竹園《陶說》提到：「海通之初，西商之來中國，先至澳門，後則徑趨廣州。清代中葉，海舶雲集，商務繁盛，歐土重華瓷，我商人投其所好，乃於景德鎮燒造白器，運至粵垣，另雇工匠，仿照西洋畫法，加以彩繪。於珠江南岸之河南，開爐烘染，製成彩器，然後售之西商。」這僅是在彩繪上仿西式。事實上，遠在16世紀，我國就已改變瓷器的式樣以適應歐人的需要。從這本書裡我們知道，在1635年，在台灣總督給阿姆斯特丹公司的報告中提到，他曾交給中國商人木製的大盤、大碗、瓶、冷飲器、大罐、餐具、大杯、鹽盒、小杯、芥末瓶、水瓶、寬邊扁盤、帶水罐臉盆的樣品。這種樣品都是鏇成的，並畫上各樣中國字[10]。我國商人認為可以完全照製，這說明我國各地燒瓷窯廠都具備接受各式各樣的定貨的能力。

總之，T・佛爾克所著的《瓷器與荷蘭東印度公司》為我國瓷器在17世紀上半紀對外輸出提供了極為寶貴的史料，值得我們注意。

[1]　陳萬里：《中國青瓷史略》第51頁，1956年。

[2]　雷斯涅爾、魯布佐夫主編：《東方各國近代史》第247～248頁，三聯書店，1957年。

[3]　T・佛爾克：《瓷器與荷蘭東印度公司》第21頁。

[4]　T・佛爾克：《瓷器與荷蘭東印度公司》第225頁。

[5]　考其（Corgge）一般是二十件瓷器。

[6]　T・佛爾克：《瓷器與荷蘭東印度公司》第74頁。

[7]　T・佛爾克：《瓷器與荷蘭東印度公司》第117頁。

[8]　T・佛爾克：《瓷器與荷蘭東印度公司》第119頁。

[9]　《景德鎮陶瓷史稿》第224頁。

[10]　T・佛爾克：《瓷器與荷蘭東印度公司》第37頁。

明清兩代我國瓷器的輸出

　　筆者曾經根據荷蘭T・佛爾克編著的《瓷器與荷蘭東印度公司》一書，於《文物》1963年第1期上報導了該公司於1602～1682年之間運銷我國瓷器的情況。在那篇報導裡，主要是從數量說明，在明末清初短短的八十年裡，僅僅經該公司之手，就有1,600萬件以上的瓷器輸往國外。這是一個十分驚人的數字，它充分地說明了，我國的瓷器在當時是深受各國人民喜愛的。早在1610年《葡萄牙王國記述》一書裡就十分讚美我國的瓷器。「這種瓷瓶是人們所發明的最美麗的東西，看起來要比所有金、銀或水晶都更為可愛」[1]。

　　從各種記載裡我們知道，當時在不少地方都有經售我國瓷器的商店。「在托龍和李甫曼尼（1580年，義大利旅行家）時期，僅僅在里斯本的魯亞・諾瓦就有六家商店。在那裡出售『各種式樣的極細緻的瓷器』。四十年之後，帕德里・尼克拉・德奧利維拉（里斯本

的名勝）證實在那個城市裡有十七個『瓷器商人』」[2]。在1596年出版的Jan van Lin-schoten航海日記裡提到，在果阿（Goa）「有一條街都是這些信異教的印度人，他們出售從中國運來很名貴的瓷器」[3]。甚至於英國倫敦也毫不例外，也有商人或他們稱之為「華人」專門出售東方國家的貨物。「值得注意的是，在1774年《倫敦指南》中至少列有五十二家這樣的商號」[4]。

既然我國在當時有數以萬計的瓷器運銷國外，而且在各國又有不少經售瓷器的商號，現在就有一個問題值得我們注意，那就是：我國輸出的瓷器是不是和國內通用的瓷器完全一樣？我們可以從下列兩點得出相應的結論。

1．1604年荷人在海上奪得葡船Catharina，船上有大約60噸瓷器，後來運至荷蘭阿姆斯特丹拍賣，法皇亨利四世買到了一套品質很好的餐具[5]。這種餐具究竟是不是中餐的餐具呢？不是。「從里斯本國立圖書館所藏的上一世紀初期的抄本裡獲得下列有價值的資料——一套餐具，值55～56兩，一般有一百六十六件，計有：廚用盤和一半大小的盤子七十二件，湯盤二十四件，餐盤四十二件（淺、深和小形），水果盤六件，沙拉用碗二件，帶碟子和蓋的湯碗六件，船形沙司碟八件，鹽瓶六件。約值84舊葡萄牙幣（cruzados）。一套有四十九件的茶具，計：二十四件茶杯和碟，十二件咖啡杯，三件糖缽，各附有蓋和碟，三件茶壺，三件奶罐，二件水壺和二件缽子，值9個cruzados。兩件一套的茶具值5個cruzados。一百零一件一套的值20個cruzados」[6]。

2．荷蘭東印度公司漢·彼得茲·科恩於1616年10月10日給公司的董事們的信中提到：「在這裡我要向您報告，這些瓷器都是在中國內地很遠的地方製造的。賣給我們各種成套的瓷器都是定製，預先付款。因為這類瓷器在中國是不用的，中國人只有拿它來出口，而且不論損失多少，也是要賣掉的。」[7]

由此我們了解到，當時我國輸出的瓷器，雖然不會是百分之百，也至少有相當一部分瓷器是專供出口的，即所謂外銷瓷，同國內所使用的瓷器不一樣（圖一）。

為了適應外國人的需要，我國還能根據外來的式樣特別製作。1635年10月23日荷蘭侵台總督給阿姆斯特丹公司的報告裡提到：「商人由於他約定給予很高的價格，已經答應在下次季節風時帶來成套的上好細瓷。為此目的，他交給了商人大盤、大碗、瓶、冷飲器、大罐、餐具、大杯、鹽盒、小杯、芥末瓶、水瓶以及寬邊扁盤和帶水罐臉盆的樣品。所有這些樣品都是木製的，多數是鏇出來的，並畫上各種式樣的中國圖案。這些他們認為可以仿製，並答應在下次季節風時交貨……」[8]1639年，「從台灣各項決定的8月1日副本裡我們知道，卡斯蒂里更船已經到達，按照從荷蘭董事會收到的木製樣品，要同中國定製下列2,500件瓷器。『我們已經把中國商人朱錫德（譯音，Jousit譯注）找來，按照下列數量和

圖一／明萬曆青花花鳥紋盤

他簽訂了合同，要他全部都必須以細而又潔淨、繪畫良好的瓷器交貨。計有：按照第1號樣品製三百件大的深盆，扁邊、圓形，有明顯的弦紋、薄底，畫要美麗漂亮；按照第2號樣品製三百件無邊茶碟，要稍微扁一點，也要繪畫，並且有明顯的弦紋；三百件無邊的大小果碟，像盆那樣也有弦紋，其他則照第2號樣；……按照第12號紙上的圖樣（由此看來，荷蘭人定製瓷器時不僅有木製的樣品，同時也有些是在紙上畫的圖樣。著者注）製作二百件小形酒罐，帶嘴和絃紋；照第13號樣品製一千件寬邊餐盤……』」[9]1645年12月1日侵佔台灣的總督「抱怨莫查（Mocha）、波斯和蘇拉特（Surat）的瓷器樣品找不到了。他說，別人告訴他，樣品已經交給中國製瓷商人，還沒送回來。因此，他要求從波斯再送新的樣品來」[10]。倫敦專售我國瓷器的商店不僅出售運去的瓷器，而且也承受委託定制。「有理由可以這樣假設，這些店主接受特殊加彩成套瓷器的定貨，儘管還沒有事實直接來證實這樣一個假設，或說明這種交易是怎樣進行的。然而我們可以假定，在這樣一個店裡，就像在東印度公司辦事處裡一樣，一位顧客可以決定他所需要的成套類型。在定貨時，他一定留下繪製紋章彩飾的特別要求，提供一個準確的圖樣，注上所要使用的顏色。為了幫助選擇和指定瓷器的邊框式樣，大約在18世紀後期想出了一個巧妙的方法，把中國製造的樣盤裝在所謂『樣箱』裡運往歐洲。樣盤很少見，它是很容易識別出來的，因為邊框的彩飾是

圖二／清嘉慶粉彩描金樣盤（瑞典東印度公司訂貨樣盤）

四等分的，每1/4都繪出不同的式樣（圖二）。現存維多利亞和阿伯特博物館的一個樣盤上，每個式樣都用加釉阿拉伯數字標明。這種號碼據說是表明在另外所附的目錄中標明的價格的地方」[11]。瑞典哥德堡歷史博物館也藏有這類樣盤。從上面所提出的情況可以明瞭瓷器輸出的規模，除了接受定貨，而且還燒製出一批樣品送向國外，作為採購的參考。這是值得注意的一件事。

我國外銷瓷同國內通用的瓷器既然很不相同，可是究竟區別在哪裡呢？我認為主要可以從裝飾和式樣這兩個方面來觀察。

一　裝　飾

是外銷瓷區別於國內瓷器的一個重要標誌，同時，也是最容易加以識別的標誌。在這方面可以從下列兩點來談：

1‧紋章裝飾（圖三至七）。「在18世紀裡，貴族和他們的仿效者認為有中國或日本製作的瓷餐具，瓷器上的裝飾有紋章或飾章，那是時髦」[12]。一般來說，這種瓷器正如上面所講的那樣是特製的。現在我們可以從了解紋章主人的歷史來推算這種瓷器的燒製年代。即使無法推斷紋章的主人是誰，我們也能夠從紋章本身的形式來加以推論。在《中國外銷瓷》中所講到的中國瓷器裡，有一套水罐和盆，上面有第一位Chandos公爵James

圖三／清乾隆藍彩描金徽章紋茶具

圖四／清乾隆青花徽章紋盤　　　　　　　　圖五／清乾隆粉彩描金徽章紋盤

圖六／清乾隆粉彩描金徽章紋盤　　　　　　圖七／清乾隆粉彩描金徽章紋盤

Brydges和Willoughgy紋章。這位公爵於1713年娶Cassandra Willoughby，於1744年逝世，因此，這套瓷器可以肯定是在這個時期裡製作的。葡萄牙里斯本國家古代藝術博物館現藏有一個盤子，飾以印度總督馬蒂亞斯・德河爾布克基（Matias de Albuquerque）的紋章[13]。這可以說是在中國製作、現在所發現最早的紋章盤。盤的背面有萬曆年號，而這位總督是在菲利浦一世（1580～1598年）時任職的，正好是在萬曆年代（1573～1619年）。

　　在外銷瓷上繪上紋章，可以肯定，都是特別定製的，同時也還可以肯定這類瓷器絕對不會占外銷瓷器的主要地位。譬如，1753年有五條貿易船——其中二條是英國船，其他三條是掛法國、荷蘭和丹麥旗的，載運歐洲的中國瓷器估計在一百萬件。在1772年，僅英國東印度公司就為下一年度定購四十萬件。而帶有紋章的瓷器，根據阿爾格農・圖多爾一克拉各爵士（Sir Algernon Tudor Craig）的統計，從1710年至1820年整整一百一十年裡也不過一千兩百多套。由此看來，這一類的瓷器所占的比重是很小的，

　　2・繪畫。外銷瓷裝飾的第二個識別點是在繪畫的內容上。所畫的人物風景等都是異國的（圖八至一四）。這種繪畫主要是依照歐洲的印畫（print）或畫的畫作為藍本。因此，我們往往從瓷器繪畫的內容來推斷這件瓷器的燒製年代。「當一件中國外銷瓷上的圖

圖八／清康熙青花花卉紋盤

圖九／清乾隆青花孔雀牡丹紋八方盤

圖一〇／清乾隆粉彩描金仕女紋八方盤

圖一一／清乾隆粉彩花卉紋盤

圖一二／清乾隆廣彩人物紋碗

圖一三／清乾隆粉彩描金西洋仕女紋盤

畫，能夠用一個可推定時代的來源（這種來源或許是一件有日期的歐洲印畫）來加以鑒別。那麼，我們大致可以肯定這件瓷器是在原畫作出以後才畫上去的。看來，有一些歐洲印畫和圖畫曾被廣州的畫家用作樣子」[14]。「屬於這類的一個突出的例子，就是有一個盤子的圖畫是從一張印畫《塞泰島的香客》（Plerins de l'Isle de Cythere）摹繪下來的，而這張印畫則是一位法國血統、在荷蘭活動的雕刻師貝納德‧皮卡特（Bernard Picart）於1708年製作的。值得注意的是，印畫本身的主題是以18世紀初期在巴黎很流行的芭蕾舞或歌劇中的一個為根據的。後來華鐸（Watteau）就是從這樣一個來源寫出了他的有名作品《在塞泰島登陸》（L' Embarquement pout Cythere）。而這個主題的中國外銷瓷的翻版可能是在1750年畫的。有一件很有意思的混合酒缽，它的畫的主要內容是『音樂會』。畫裡有幾位歐洲人，看來像是業餘音樂家的非正式集會。在缽的另一面也是同樣的人物。在兩幅畫之間有一個小規模的中國樂隊。這四個音樂會的景色都是按照雕版的式樣，用黑白兩色標出來的。情況正是這樣，因為這個歐洲主題的雕形是一位英國無名藝術家在18世紀中期製作

圖一四／清乾隆粉彩描金西洋人物紋單把杯

的，大都會博物館現藏有這張畫的樣本。中國樂隊的設計可能是東方的。……有一茶具，其中有十件是模仿一個印畫在白底上用墨色畫的。每件上都有一個圓形肖像，描繪一位『繡花女人（The Embroideress）』。……雖然這幅繡花女人作品的原來式樣還沒有得到證實，不過，從裝飾來看很像荷蘭的」[15]。

在繪畫內容上在此值得一提的是帶有宗教色彩的圖畫：「有宗教性裝飾的瓷器，一般都是在白底上用墨筆畫的，這一點應特加注意。這種瓷器稱之為『耶穌會』瓷（'Jesuit' china）。然而，直到現在還沒有證據來證明所謂耶穌會瓷同耶穌會人在中國的工作有什麼關係。」[16]在《中國外銷瓷》中所講到的帶有宗教裝飾的瓷器裡，有三件東西：杯、碟和奶油瓶，每件上都裝飾耶穌在十字架上被釘死的畫。畫者無論在配景上還是用的技巧，看來都反映了某些西方的印畫，很可能是從聖經上選來的畫。儘管還沒有專門的樣本可以用來證實這種宗教瓷的時代，不過從瓷邊的裝飾上可以知道上述幾件瓷器大致是在18世紀的中期製作的[17]。

二　式　樣

　　我們多半可以通過它把外銷瓷和國內用瓷區別開來，因為，外銷瓷的式樣當然是取決於它的用途的（圖一五至二二）。但是，在決定它的製作年代上，有時候卻不是很容易的事情，不得不需要從追溯它的來源入手。如前面所述，荷蘭東印度公司曾經同我國商人簽訂合同，要按照他們所提供的樣品或圖畫的樣式製作。顯然，這種瓷器就可以用原來的

圖一五／清康熙青花花鳥紋八方高足杯

圖一六／清乾隆青花山水樓閣紋橢圓形剃鬚盤

圖一七／清乾隆青花孔雀紋水壺　　　　　　　圖一八／清乾隆青花山水樓閣紋執壺

圖一九／清乾隆粉彩描金開光山水花鳥紋茶具

圖二〇／清乾隆廣彩開光花卉紋雙耳杯

圖二一／清乾隆粉彩描金開光山水紋雙耳高足杯

圖二二／清嘉慶粉彩描金花卉紋花口盤

式樣的製作年代來推論瓷器的大致製作年代。譬如，「有一件於1758年和1766年之間在斯特哥爾摩（瑞典）附近的馬利伯格廠（Marieberg）製作的。歐洲式樣幾乎肯定是由一隻瑞典東印度公司的船帶到廣州，可能也就是由同一的主辦把中國製的花盆運到瑞典市場上的」[18]。另外一個例子是，一件根據伊格納茲·赫斯（1gnatz Hess）於1747年和1751年之間在德國赫克斯特廠（Hochst）所製的陶器湯碗製作的湯碗，製作的年代估計是在1760至1770年。

　　總之，我國外銷瓷是值得注意的一個方面，它不僅幫助瞭解明、清兩代瓷器外銷的情況，而且也為我們在研究我國瓷器的發展上提供了一些值得重視的事實。

[1]　J·A·勞愛德·海德和裡卡多R·埃斯皮裡圖·桑托·席爾瓦著《運銷歐洲市場的中國瓷器》（J·A·Lloyd Hyde and Ricardo R·Espirito Santo Silva：《Chinsse Porcelain for the European Market》）第48～49頁。

[2]　J·A·勞愛德·海德和裡卡多R·埃斯皮裡圖·桑托·席爾瓦著《運銷歐洲市場的中國瓷器》（J·A·Lloyd Hyde and Ricardo R·Espirito Santo Silva：《Chinsse Porcelain for the European Market》）第49頁。

[3] T‧佛爾克編著《瓷器與荷蘭東印度公司》（T‧Volker：《Porcelain and the Dutch East lndia Company》）第21頁，1954年。

[4] 約翰‧哥爾德史密斯‧菲利浦斯著《中國外銷瓷》（John Goldsmith phillips：《China Trade Porcelain》）第34頁，1956年。

[5] T‧佛爾克編著《瓷器與荷蘭東印度公司》（T‧Volker：《Porcelain and the Dutch East lndia Company》）第22頁，1954年。

[6] J‧A‧勞愛德‧海德和裡卡多R‧埃斯皮裡圖‧桑托‧席爾瓦著《運銷歐洲市場的中國瓷器》（J‧A‧Lloyd Hyde and Ricardo R‧Espirito Santo Silva：《Chinsse Porcelain for the European Market》）第71～72頁。

[7] T‧佛爾克編著《瓷器與荷蘭東印度公司》（T‧Volker：《Porcelain and the Dutch East lndia Company》）第27頁，1954年。

[8] T‧佛爾克編著《瓷器與荷蘭東印度公司》（T‧Volker：《Porcelain and the Dutch East lndia Company》）第37頁，1954年。

[9] T‧佛爾克編著《瓷器與荷蘭東印度公司》（T‧Volker：《Porcelain and the Dutch East lndia Company》）第43頁，1954年。

[10] T‧佛爾克編著《瓷器與荷蘭東印度公司》（T‧Volker：《Porcelain and the Dutch East lndia Company》）第99頁，1954年。

[11] 約翰‧哥爾德史密斯‧菲利浦斯著《中國外銷瓷》（John Goldsmith phillips：《China Trade Porcelain》）第34～35頁，1956年。

[12] J‧F‧布萊克爾著《漫談東方瓷》（J‧F‧Blacker《Chate on Oriental China》）第287頁。

[13] J‧A‧勞愛德‧海德和裡卡多R‧埃斯皮裡圖‧桑托‧席爾瓦著《運銷歐洲市場的中國瓷器》（J‧A‧Lloyd Hyde and Ricardo R‧Espirito Santo Silva：《Chinsse Porcelain for the European Market》）第19頁。

[14] 約翰‧哥爾德史密斯‧菲利浦斯著《中國外銷瓷》（John Goldsmith phillips：《China Trade Porcelain》）第56頁，1956年。

[15] 約翰‧哥爾德史密斯‧菲利浦斯著《中國外銷瓷》（John Goldsmith phillips：《China Trade Porcelain》）第132頁，1956年。

[16] 約翰‧哥爾德史密斯‧菲利浦斯著《中國外銷瓷》（John Goldsmith phillips：《China Trade Porcelain》）第57頁，1956年。

[17] 約翰‧哥爾德史密斯‧菲利浦斯著《中國外銷瓷》（John Goldsmith phillips：《China Trade Porcelain》）第131頁，1956年。

[18] 約翰‧哥爾德史密斯‧菲利浦斯著《中國外銷瓷》（John Goldsmith phillips：《China Trade Porcelain》）第157頁，1956年。

編後記

　　陳萬里先生是現代享譽世界的中國古陶瓷專家,是用現代科學方法研究中國古陶瓷的開拓者,故宮博物院研究員。在中國,他第一個走出書齋,借鑒運用當時在西方流行的田野考古方法對古窯址進行實地考察。20世紀20至60年代,他遍訪大江南北的古窯址,收集了大量古瓷器標本,並對其進行排比研究,開闢了一條瓷器考古研究的新途徑,為現代中國古陶瓷學研究奠定了堅實基礎,即使在今天,那些古瓷器標本也是彌足珍貴的古陶瓷研究的第一手資料。

　　陳萬裏先生學識淵博,著述頗豐,出版了《瓷器與浙江》、《中國青瓷史略》二書及幾十篇考古與研究鑒定論文,提高了一代陶瓷學人的研究和鑒定水準。全國文物鑒定委員會委員穆青研究員,就研究與鑒定這個範疇,精選了其中的十二篇出版《陳萬裏陶瓷研究與鑒定》,包括《中國青瓷史略》、《中國歷代燒制瓷器的成就與特點》、《邢越二窯與定窯》、《談談成化窯的彩》,以及《宋末至清初中國對外貿易中的瓷器》等,既有對陶瓷研究的科學總結,又有對典型瓷器的具體鑒定事例,深入淺出,實用性極強。

　　在編輯出版過程中,編者還根據近年來新掌握的實物資料和古陶瓷研究的新成果對原著進行了修訂,對個別文章的題目及篇幅也進行了調整。為了使讀者更加準確、深刻地領悟他對古陶瓷的精闢論述,方便研究和鑒賞,編者根據論述的需要精心選配了彩圖,相信這些精美的彩圖一定會增加他精闢論述的豐富和補充,能提供給讀者更多的資訊和全新的視覺感受。我們真誠地希望,陳萬里先生這些論瓷經典能帶給讀者新的感覺,新的收穫。

國家圖書館出版品預行編目資料

陳萬里陶瓷研究與鑑定 / 陳萬里著. -- 初版.
-- 臺北市：藝術家, 2012.02
288面；17.1×24公分. -- (大家研究與鑑定)
ISBN 978-986-282-054-4(平裝)

1.古陶瓷 2.歷史 3.文集 4.中國

796.607   100027851

【大家研究與鑑定】

陳萬里陶瓷研究與鑑定

陳萬里／著　穆青／選編

發 行 人　何政廣
主　　編　王庭玫
編　　輯　謝汝萱
美　　編　廖婉君
出 版 者　藝術家出版社
　　　　　台北市重慶南路一段147號6樓
　　　　　TEL：(02) 2371-9692～3
　　　　　FAX：(02) 2331-7096
郵 政 劃 撥　01044798 藝術家雜誌社帳戶

總 經 銷　時報文化出版企業股份有限公司
　　　　　新北市中和區連城路134巷10號
　　　　　TEL：(02) 2306-6842
南 區 代 理　台南市西門路一段223巷10弄26號
　　　　　TEL：(06) 261-7268
　　　　　FAX：(06) 263-7698

製 版 印 刷　欣佑彩色製版印刷股份有限公司
初　　版　2012年2月
定　　價　新臺幣380元
I S B N　978-986-282-054-4

法律顧問　蕭雄淋
版權所有・不准翻印
行政院新聞局出版事業登記證局版台業字第1749號

本書中文繁體版由紫禁城出版社 授權